Diez frases poderosas para personas positivas

Rich DeVos

Cofundador de Amway Corp. y Presidente del equipo
de la NBA *Orlando Magic*

TALLER DEL ÉXITO

CONTENIDO

RECONOCIMIENTOS

Aunque espero que este libro sea un reconocimiento a los muchos individuos que han tenido un impacto positivo en mi vida, quiero ofrecer un agradecimiento especial a: Helen, mi esposa, constante y positiva compañera, que también fue una editora experta para este proyecto; mis hijos, sus esposas y esposos, Dick y Betsy, Dan y Pam, Bob y Cheri, y Doug y Maria, por su permanente apoyo; Marc Longstreet, quien me ayudó a transmitir mis pensamientos a las páginas de este libro; y a Kim Bruyn, por su persistencia en animarme a escribirlo y por dirigirlo de comienzo a fin.

PREFACIO

"Cuando celebré mis cumpleaños número ochenta en 2006, describí la velocidad de mis años como de "cero a ochenta en diez segundos". Ochenta años suenan como mucho tiempo hasta cuando los has dejado atrás. Pero en realidad lo que importa no es cuán rápido pasa el reloj sino qué tan sabiamente usamos el valioso tiempo que Dios nos ha dado.

Después de ocho décadas, puedo reflexionar en medio del torbellino de actividades y darle gracias a Dios por bendecir mi vida mucho más de lo que algunos describirían simplemente como suerte. Recuerdo unos pocos, pero muy importantes, regalos que han sido constantes en mi vida, y me asombra la forma como todos han estado conectados con *Su* plan.

Fui criado en un hogar con escasos bienes materiales pero con mucho amor. Crecí en un entorno alentador que me enseñó que nada es más valioso que el amor de los unos por los otros y una firme fe en Dios. Tuve los beneficios de un hogar, una iglesia y una escuela cristianas. Mi esposa, Helen, y yo hemos estado casados por más de cincuenta años, hemos criado cuatro hijos, y hemos sido bendecidos con sus cónyuges y dieciséis nietos. Jamás he dado por sentado el don de una familia amorosa y trato de nunca perder oportunidades para decirles a mi esposa, hijos y nietos, cuánto significan para mí.

Otra constante en mi vida ha sido mantener una actitud positiva y animar con ella a otros. Billy Zeoly, un amigo muy querido, le dio forma clara al valor de usar frases sencillas para que sean positivas y ayudar a otros a ser también positivos. Yo era muy consciente del poder de las frases, pero él las presentó de una forma especialmente clara y dinámica. Decidí que en lugar de sólo adoptarlas de forma casual, las usaría de forma intencional.

El propósito de este libro es ayudarte a tener también frases positivas completamente presentes en tu mente y en tu vocabulario, para que seas un "enriquecedor de vida", alguien que anima a las personas que lo rodean.

El fallecido doctor D. James Kennedy de la Iglesia Presbiteriana en Fort Lauderdale, Florida, solía decirme: "Eres la persona más positiva que he conocido". Yo apreciaba eso, porque era lo que procuraba ser. Y él tenía muy claro que yo lo apreciaba y lo animaba a seguir dando lo mejor de sí, reconociendo el buen trabajo que estaba haciendo. Ahora, eso no es difícil. Es algo que todos podemos hacer cuando tomamos la decisión de ser positivos. Desde el momento cuando di mi primer discurso, decidí hablar de las maravillosas cosas de nuestra sociedad y nuestro mundo en lugar de buscar lo que estuvieran mal, quería enriquecer las vidas de mi audiencia y más allá.

Así que he estado usando las frases que Billy enfatizó en mí y añadiendo algunas propias, y espero que tú también lo hagas. Mi esperanza real es que te ayuden a ser una persona positiva que, a su vez, ayude a otros a mejorar su perspectiva de la vida. Y si todos lo hacemos, realmente creo que podemos lograr un verdadero cambio para bien en nuestros hogares, comunidades y en el mundo.

Gracias por tomar este libro. Me anima que estés interesado en ser alguien positivo. Aprende estas frases y úsalas a diario con las personas que significan mucho para ti. Algunas probablemente sean difíciles de decir, pero practícalas y los resultados serán tu recompensa. En serio creo que todos tenemos el poder de aportar para una sociedad y un mundo más positivos. Te deseo lo mejor a medida que realizas esto.

INTRODUCCIÓN:
EL ARTE DE SER POSITIVO

Tuve el privilegio de recibir el premio Norman Vincent Peale 2007 al Pensamiento Positivo. Cuando mi amigo de toda la vida y socio, Jay Van Andel, y yo, comenzamos a vender vitaminas Nutrilite a finales de la década de 1940, uno de los primeros libros que leí fue *El poder del pensamiento positivo*, de Peale. También tuvimos al doctor Peale como conferencista en unas de nuestras convenciones de ventas de Nutrilite, y llegué a conocerlo bien.

Peale fue un estudiante tímido a quién un profesor universitario animó a creer en sí mismo y a creer que Dios lo ayudaría. Él oró y creyó y llegó a ser el fundador del concepto de pensamiento positivo. Una vez dijo que su felicidad era la razón principal por la cual le preocupaba la gente que no fuera feliz. Le preocupaba que personas infelices no usaran toda su creatividad y que la sociedad sufriera por eso. Decidió que quería hacer algo al respecto y compartió sus ideas en conferencias y libros.

El premio Norman Vincent Peale al Pensamiento Positivo se otorga cada año para reconocer a personas "cuyas vidas ejemplifican clara e inspiradoramente el poder del pensamiento positivo con fe, profundo interés por la gente y un compromiso dedicado a mejorar nuestro mundo". No sé si he vivido conforme a esa resplandeciente descripción, pero esas palabras concuerdan con mis objetivos al escribir este libro.

Por lo general he sido una persona positiva desde que recuerdo. Fui un niño feliz a pesar de crecer durante la Gran Depresión. Toda mi vida he procurado inspirar a otros a usar sus talentos y completar su potencial. Como cofundador de la Corporación Amway, he dado mensajes motivacionales a miles de personas en todo el mundo, a quienes yo quería ver alcanzar sus sueños con sus propios negocios de Amway. Animo a mis jugadores en la franquicia Orlando Magics de la NBA y soy líder comunitario ayudando a mejorar mi ciudad, Grand Rapids, Michigan, para que siga creciendo y construyendo.

He aprendido que el pensamiento positivo y el estímulo son esenciales para el liderazgo y el progreso. Como líder de una compañía o de tus propios hijos, encontrarás que el pensamiento positivo es contagioso y un combustible concentrado para el cambio.

Fui criado por un padre que se mantuvo positivo, aún después de perder su trabajo durante la Gran Depresión, y que siempre me animó. Jay Van Andel y yo no tuvimos otra ambición que crear una compañía propia, y permanecimos fieles a esa meta a pesar de una lista de adversidades. En una ocasión rentamos una sala para doscientas personas a fin de hacer una presentación y reclutar distribuidores para nuestros productos nutricionales. ¡Sólo llegaron dos personas! Pero permanecimos positivos y construimos una empresa que nunca habríamos podido imaginar. La gente nos felicitaba por todo lo que hemos logrado. Pero no pasamos mucho tiempo retrocediendo para ver lo que habíamos logrado, estábamos muy ocupados pensando en lo que podíamos hacer después.

Aunque parece que las personas necesitan desahogarse y quejarse de vez en cuando, lo positivo los atrae y seguirán a quienes señalen un igualmente camino positivo. Me he dirigido a audiencias que llenan estadios, pero uno de mis primeros discursos fue a un grupo de cuarenta contadores. Uno de mis empleados en los primeros días de nuestra empresa Amway me invitó a hablar. Comencé pensando en qué decir y anoté todas las cosas positivas que habían estado sucediendo durante el crecimiento inicial de nuestra compañía.

Muchos otros conferencistas que había escuchado parecían querer demostrar su inteligencia al decirle a la audiencia qué andaba mal con el mundo. Así pretendían tener fama y credenciales. Habían encontrado algo de lo que podían ser "críticos expertos". Le dije a mi audiencia de contadores que no iba a ser crítico; iba a hablarles de las cosas buenas que estaban sucediendo en este país.

Después de ese discurso, presenté mi mensaje positivo a otros grupos. Entre más hablaba, más respondían las personas. En una época de nuestra historia en la que la gente comenzaba a dudar de la democracia y veía al socialismo como el futuro, señalé todas las cosas positivas que disfrutábamos como ciudadanos estadounidenses libres. Tan pronto comencé ese tema, la gente comenzó a darme información adicional para usar en el discurso. Un día alguien me entregó una lista de comparaciones entre vivir en los

Estados Unidos y la Unión Soviética comunista, la cual demostraba claramente por qué teníamos tantas razones para ser positivos en lugar de ser negativos. Así que comencé a usarla, y esos ejemplos se convirtieron en una herramienta poderosa para recordarles a los americanos cuán bendecidos somos. Descubrí que la gente en mis conferencias apreciaba que se les recordara cómo y por qué podían asumir el hábito de buscar lo bueno en sus vidas y en otras personas.

Ese pequeño mensaje que entregué por primera vez a unos contadores, creció y se convirtió en *Vendiendo América*, un discurso que posteriormente di a miles de personas en todo el país y que fue grabado y obtuvo el premio Alexander Hamilton a la Educación Económica de Freedoms Foundation. Descubrí que entre más hablaba de ser positivo, más la gente quería escuchar.

Probablemente estaban ansiosos por escuchar buenas noticias porque el mundo está lleno de comunicadores negativos. Sólo lee las cartas al editor de cualquier periódico. Encontrar culpables es fácil y es un instinto natural. Probablemente es porque nos enseñan a ser escépticos. Sabemos que si suena demasiado bueno para ser cierto, probablemente así sea.

Con este libro espero animar a las personas a buscar lo positivo. Eso requerir un poco de energía y algo de re-entrenamiento, pero cualquier persona que se esfuerce obtendrá grandes recompensas al ayudarse a sí misma y a otros. Una actitud positiva es una elección, como caminar del otro lado de la calle para evitar problemas o hacer un giro de 180 grados cuando sientes que vas en la dirección equivocada.

Una vez decidamos hacer esa elección, ser positivo se convierte en un hábito. Por ejemplo, cuando nos encontramos con alguien, escuchamos tratando de encontrar algo bueno sobre lo que están haciendo porque tarde o temprano nos lo dirán. Si permaneces en sintonía, siempre escucharás buenas cosas, porque todo el mundo quiere alardear un poco. Así que si expresamos interés y escuchamos, obtendremos pistas acerca de las cosas buenas que están tratando de hacer. Luego podemos responder con una frase positiva que encaja: "¡Tú puedes hacerlo!" "¡Gracias!" "¡Estoy muy orgulloso de ti!" Las palabras sencillamente te fluyen después de un tiempo.

Un marco mental positivo te cambia a ti y tu forma de pensar, permitiéndote animar a otras personas. Comienzas a buscar bondad, y por consiguiente, comienzas a sentirte mejor con todo, incluyéndote a ti mismo y las cosas positivas que estás haciendo. Toda esta autoestima viene de sólo desarrollar el hábito de buscar lo bueno en los demás. Cuando eso sucede, también comienzas a ver lo bueno en ti mismo, y luego la gente comienza a reconocer todo bueno en ti y a congratularte por eso. Se vuelve autogratificante.

Cuando me gradué de secundaria, mi maestro de Biblia escribió en mi anuario escolar una frase que nunca olvidé, sólo una simple frase de ánimo: "A un hombre bien definido con talentos para el liderazgo en el reino de Dios". Su frase era sencilla pero una gran fuente de ánimo para mí, que era joven y que no había sido un buen estudiante y de quien se había dicho que no era apto para la universidad. ¡Pero un maestro a quien admiraba vio un líder en mí! ¡Vaya! Nunca antes había pensado de mí en esa forma.

El punto es que una simple frase puede cambiar la vida de una persona. Así que la pregunta es: ¿qué clase de frases estás entregando? ¿Qué clase de frases has escuchado? ¿Crearás una atmósfera negativa o estimulante para los demás? ¿Los vas a arrastrar hacia abajo o los vas a levantar? Decidí ser un enriquecedor de vida, encontrar la forma de estimular a las personas. Es tan fácil como expresar una frase sencilla pero poderosa: "Estoy orgulloso de ti". "Te necesito". "Creo en ti". "Te amo". Para algunas personas esas llegan a ser frases que transforman su mundo. Deberían estar en tu vocabulario.

Los principios en este libro son para todos, pero se aplican de forma especial a quienes aspiran posiciones de liderazgo. Dar el primer paso para ser positivo es una característica de los grandes líderes. Sea que líderes una compañía, tengas un papel de liderazgo como maestro o entrenador, o seas un líder como padre o abuelo, estas poderosas frases te ayudarán.

Considera a líderes que fueron efectivos porque fueron positivos. Los presidentes de los Estados Unidos que recuerdas son los que tuvieron que enfrentar situaciones difíciles y los hicieron ver muy bien. Las conversaciones informales de Franklin Roosevelt durante las horas más oscuras de la Segunda Guerra Mundial no eran relatos negativos. Ronald Reagan era un cuentista por excelencia. Él enfrentó asuntos difíciles. Pero siempre tenía un relato divertido. Siempre te dejaba riendo. Siempre encontraba el lado bueno de un problema. John Kennedy sabía que debía tener una misión positiva para nuestra nación, así que dijo: "¡Vamos a la luna!" Retó a los Estados Unidos con un sueño de ascender, ir más allá y hacerlo mejor. La nación adoptó esta meta y la alcanzó en 1969.

Quienes están en posición de liderazgo más que todo necesitan desarrollar estas características para aprender estas frases y practicar el arte de ser positivo. El liderazgo es una de nuestras mayores falencias. Necesitamos personas que se pongan de pie y hagan el trabajo, cualquiera sea éste. Los líderes tienen el poder de ser ejemplo para el resto de nosotros.

También sé por experiencia que la gente tiene la capacidad de trabajar unida para crear una atmósfera positiva en su comunidad. Las personas positivas en mi ciudad natal de Grand Rapids han ayudado a liderar un asombroso progreso en los últimos tiempos. Hace unos años me dirigí a una audiencia durante la cena de apertura de nuestro centro de convenciones. Les recordé que vivíamos en el clima propicio. Seguramente los sorprendí porque esa noche estaba nevando y helando. Pero no me refería al clima. Hablaba de un ambiente de personas positivas que trabajan juntas para que su comunidad siga mejorando. Juntos habíamos construido ese maravilloso centro de convenciones: líderes comunitarios habían inculcado la visión, el gobierno y donantes habían proporcionado el dinero, comerciantes habían suplido la mano de obra calificada, incluso aquellas personas cuyo papel menor podría ser pasado por alto, un equipo de meseros muy capaces y talentosos, repartieron de forma eficiente una deliciosa cena caliente a cada uno de los dos mil quinientos invitados.

Aún más allá de nuestras comunidades, ciudadanos con una actitud positiva podrían tener el mismo impacto en nuestra nación e incluso en nuestro mundo. Si todo el mundo en este país comenzara a tener una actitud positiva, a buscar el bien y a intercambiar halagos en lugar de quejarse y encontrar culpables, se generaría un dramático cambio social, uno en el que nos animaríamos unos a otros. Trabajaríamos más, pensaríamos mejor, tendríamos más ideas, soñaríamos más grande, haríamos contribuciones mayores, y nos sentiríamos mejor con nosotros mismos y con nuestro mundo. Nuestro país y nuestra sociedad sufren cuando no sabemos encontrar el bien en ninguna parte o en nadie. Nuestro congreso y nuestro presidente deben tener *algunas* buenas ideas y deben estar haciendo *algo* bien. Pero parece que a los políticos de ambos lados del pasillo les resulta difícil decirlo. Cuando evitamos el debate o la crítica constructiva y en lugar de eso nos ponemos etiquetas despectivas los unos a los otros, desarrollamos una cultura incapaz de usar frases positivas.

Me encantan los versículos de Filipenses 4:7-9 (NVI): "Consideren bien todo lo verdadero, todo lo respetable, todo lo justo, todo lo puro, todo lo amable, todo lo digno de admiración, en fin, todo lo que sea excelente o merezca elogio". ¡Piensa en cómo sería nuestro mundo si todos tomáramos a pecho esas palabras! Es por eso que quise escribir este libro y es la razón por la cual pienso que un mensaje positivo es importante en el mundo de hoy.

Pensé que una forma sencilla para estimular una actitud positiva sería ofrecer algunas de estas *frases poderosas para personas positivas*. Nada profundo o trascendental, pero eso es lo que lo hace hermoso. Estas usuales y modestas frases contienen un poder escondido que, cuando es liberado, cambia vidas de manera profunda y benéfica. Pero este libro va más allá de las frases. Nuestra decisión de vivir con una actitud positiva puede cambiarnos, y así mismo hacerlo con nuestra comunidad, e incluso a toda nuestra nación y al mundo. De verdad creo que es hora de un avivamiento en nuestro país. Necesitamos un cambio de actitud hacia el pensamiento positivo y acciones positivas que logren sanar relaciones y unirnos para un bien común.

Como esos inspiradores presidentes de los Estados Unidos y los grandes líderes, también tú estás en la capacidad de mejorar las condiciones cuando estimulas a las personas y las inspiras a hacer más. Firmemente creo que el mensaje de este libro es de vital importancia para nuestra sociedad actual. Cada comunidad necesita personas que sepan alentar, estimular y animar. Son estas personas las que hacen que el mundo gire. ¡Tú puedes ser uno de ellos!

1

"Estoy equivocado"

Elegí comenzar con '"Estoy equivoca-do" porque es la frase más difícil de decir y reconocer con genuina sinceridad. Es duro admitir cuando estamos equivocados, incluso ante nosotros mismos, y aún más difícil decirlo en voz alta, "Estoy equivocado", en especial a aquellas personas que más nos importan o a quienes queremos importarles mucho. Aprendí esa lección hace muchos años cuando mi esposa Helen, fue programada para una cirugía de catarata. El médico dijo que ella podía llegar en la mañana y volver a casa el mismo día de su cirugía. Eso me pareció bien. Pero Helen dijo, "No, no quiero apresurarme, quiero llegar la noche anterior. Quiero estar allá, relajarme y que me cuiden, y no quiero tener que levantarme y tener afanes en la mañana antes de tener mi cirugía de ojos".

Pensando sólo en la inconveniencia para mí, murmuré y me quejé por el tiempo extra y el costo por ella tener que pasar ahí la noche. Pero Helen ingresó la noche anterior y al día siguiente el médico dijo que yo podía entrar y ver la operación; fue así como pude observar por medio de un dispositivo de aumento a medida, que el cirujano delicadamente extraía el viejo lente y creaba una estructura para el nuevo lente artificial. Mientras veía ese intrincado proceso entendí que esto era algo muy delicado. Me golpeó entender por qué Helen necesitaba estar descansada y emocionalmente relajada. Yo estaba pensando sólo en la conveniencia de ingresar y salir lo más pronto posible. Después de su cirugía me disculpé con Helen, le dije que yo estaba equivocado y que ella tenía razón. Además he tenido que hacerlo muchas veces, porque ella es una dama brillante, y yo he estado equivocado algunas veces más en mi vida. Pero por lo menos estoy aprendiendo que si desde un comienzo somos más sensibles a las perspectivas de otros, es menos probable que nos metamos en situaciones en las que tendremos que decir que estamos equivocados.

Decir "estoy equivocado" no significa nada a menos que salga del corazón, no sólo de nuestros labios. Eso a menudo requiere un cambio genuino y profundo en nuestro interior, porque necesitamos aceptar que podemos estar equivocados. Así duela admitirlo, necesitamos entender que sencillamente es inherente a la naturaleza humana y todos cometemos errores. También debemos entender que podemos hacer un impacto positivo en la vida de otros cuando admitimos que estamos equivocados.

Admitir abiertamente un error sirve como ejemplo de nuestra propia disposición a cambiar e inspira a otros a cambiar de forma positiva. Admitir que estábamos equivocados o que nuestra manera de pensar era equivocada genera un impacto positivo. "Estoy equivocado" son dos pequeñas palabras que ayudan a mejorar nuestra propia actitud positiva. Todo es parte de este cambio en nuestra decisión de crear una atmósfera positiva en lugar de una negativa. Si has estado equivocado, ¡dilo!

Me temo que es muy fácil recordar ejemplos de organizaciones que crean entornos negativos porque nadie está dispuesto a decir "¿Sabes?, puede que me haya equivocado al respecto. ¡Tienes toda la razón!" ¿Cómo sonaría eso en una negociación de integración o durante un debate en el congreso, o en la hora de la cena después de una discusión familiar? Por experiencia sé que admitir eso saca mucho del aire negativo de la burbuja.

Admitir que se está equivocado es especialmente difícil para personas en posición de liderazgo. El líder se supone que debe ser el visionario, la persona brillante que cubre todos los ángulos y señala el camino para aquellos que están mejor equipados para seguir que para liderar. Desafortunadamente, incluso los líderes a veces deben admitir que están equivocados. Siendo cofundador de mi compañía esa realidad me impactó. Yo proponía un nuevo método o presentaba un nuevo producto, confiado de haber visto todos los ángulos posibles. Alguien decía: "¿Pensó en esto? ¿O esto?" "Ah, seguro, seguro. Desde luego", era mi respuesta inicial. Pero al pensarlo de nuevo, la realidad podía ser que yo *no* había pensado en eso. ¡Lo había ignorado por completo! Alguien con un punto de vista diferente al mío había notado algo que yo no había tenido en mente para nada.

Este tipo de situación plantea una elección: cuidar tu orgullo cubriéndote a ti mismo, y no admitir tu equivocación, o simplemente decir, "¡Tienes razón! ¡Estoy equivocado! De alguna manera ignoré eso". La habilidad de admitir que estabas equivocado te permite corregir errores y trabajar en equipo para hallar soluciones. Admitir que estás equivocado crea oportunidades para aprender de los errores y sacar ventaja de la perspectiva de otra persona. No mostraba respeto a mis empleados si no buscaba sus opiniones.

Como elegí admitir que estaba equivocado, aprendí el valor de recibir las perspectivas de mis empleados, y descubrí la importancia de tener reuniones frecuentes en los comienzos de nuestra compañía Amway. Estas reuniones las llamamos "¡Exprésate!". Con alguna frecuencia elegíamos a un representante de cada departamento para que se reuniera conmigo. Ellos tenían libertad de hacer cualquier pregunta, presentar sugerencias o incluso quejarse de cualquier cosa, desde algo tan grande como una falla en el sistema hasta algo pequeño como la comida en las máquinas expendedoras.

"Exprésate" era una forma de permitir que nuestros empleados supieran que nosotros no teníamos todas las respuestas, que éramos capaces de equivocarnos y que respetábamos sus opiniones. Tomamos acciones basados en las sugerencias que hacían los empleados en esas sesiones para construir una mejor compañía. Al hacerlo me abrí a la posibilidad de admitir ante mis empleados que estaba equivocado. Fue una de las decisiones ejecutivas más inteligentes que haya tomado.

Nuestro obstinado deseo a tener la razón todo el tiempo conlleva a crear divisiones entre amigos y familiares. A veces el afán de tener la razón termina en discusiones que no vale la pena ganar y que en retrospectiva, son sencillamente tontas. Jay Van Andel y yo tuvimos una amistad y una sociedad por más de cincuenta años. No habríamos podido alcanzar ese singular logro sin llegar a un acuerdo en todas nuestras metas importantes y decisiones ejecutivas. Como Jay era mayor, él sirvió como presidente y yo como director general en una junta de dos. Los dos acordamos que ambos votos eran necesarios para aprobar decisiones de negocios.

En los comienzos de nuestra empresa Amway me impulsaba el ego de tener un carro más grande. Distribuidores que habíamos patrocinado conducían Cadillacs y Jay y yo todavía conducíamos Plymouths y Desotos. Un distribuidor de autos en el centro de Grand Rapids tenía un hermoso y elegante Packard que yo quería para mí. Lo compré como un carro de la compañía sin preguntarle a Jay. Tuve que disculparme por eso. Él lo dejó pasar y dijo: "Está bien, tú tomaste la decisión, tú disfrútalo". Me salí con la mía, pero había violado nuestra propia política corporativa de que los dos estaríamos de acuerdo sobre las inversiones en bienes de capital.

Entonces ¿en qué grandes decisiones de negocios nos vimos discutiendo? Aunque no lo creas, fue decidiendo el estilo de vestuario para el restaurante en el último piso de nuestro nuevo Hotel Amway Grand Plaza cuando se inauguró a comienzos de los años 1980. Una de las decisiones más insignificantes en nuestra sociedad llevó a uno de nuestros más grandes desacuerdos.

Cygnus, veintiséis pisos arriba del centro de Grand Rapids en la torre de nuestro nuevo hotel, era el primer restaurante elegante en la ciudad. El debate era si debíamos mantener un restaurante formal con un código de vestuario incluyendo chaquetas y corbatas, o que fuera menos restrictivo y abierto a más visitantes y probablemente a más negocios. Ésa fue la única vez en nuestra larga sociedad en el que uno de nosotros usó la palabra veto. Afortunadamente teníamos una fuerte amistad y la decisión respecto a Cygnus pudo desvanecerse en una trivialidad. Pero amistades e incluso relaciones familiares se han erosionado y hasta terminado por desacuerdos aún más triviales. Para la mayoría de la gente, tener que admitir que se está equivocado, afecta su orgullo y su ego. Es una de las cosas más difíciles que la mayoría de la gente alguna vez tenga que decir.

Pero se hace más fácil a medida que envejecemos, cuando tenemos más logros que errores (eso espero), y no somos tan delicados ni nos sentimos amenazados tan fácilmente. Con los años acumulas tu porción de errores en la vida y admites ante ti y ante los demás que estás muy lejos de ser perfecto. Cuando somos jóvenes y estamos tratando de establecernos, tememos admitir un error. La realidad es que admitir los errores es liberador para nosotros mismos y para los demás y demuestra madurez. Admitirlo es una muestra indiscutible de que podemos ser humildes y no somos demasiado grandes como para admitir que nos equivocamos. La gente aprecia la humildad. A nadie le gustan los sabelotodos.

Decir "estoy equivocado" también es el comienzo de un proceso de sanidad. La primera inclinación del niño atrapado con la mano en el tarro de galletas es negarlo, defenderse, razonar, y crear excusas. Como el niño, nuestra primera inclinación es defender furiosamente nuestra posición en lugar de admitir delante de alguien o de nosotros mismos que estamos equivocados. La negación y la racionalización son un trabajo difícil e infructuoso. Crecemos solamente cuando le damos más importancia a sanar una relación que a defender una posición. Entender que todos cometemos errores en la vida quita el dolor de estar equivocados. Admitir esta situación es la única manera de realmente sanar la herida que podemos haber causado en otros. Sin eso, la gente tiende a guardar rencor y generar heridas que nunca sanan por completo.

Las equivocaciones son inevitables, y negar su existencia sólo crea arrogancia y contienda. No somos perfectos, y tampoco fuimos diseñados para serlo. Los perfeccionistas se enfrentan a la necesidad de ser perfectos en todo lo que hacen. ¿Alguna vez podríamos vivir de acuerdo a esos estándares? ¡Ríete de la equivocación, ríete de ti mismo! Tu ego nada más te llevará hasta cierto punto, pero tu integridad y humildad te llevarán hasta el éxito.

Reconocer nuestros errores puede incluso sanarnos física y mentalmente. La ciencia médica sigue encontrando cada vez mayores conexiones entre nuestra salud física y mental. No soy médico, pero creo que es obvio que admitir la culpa en lugar de esforzarse por defender, perdonar, en lugar de llevar rencor, y aceptarnos nosotros mismos, con fallas y todo, reduce mucha ansiedad y angustias que afectan nuestra salud física. Muy probablemente nos sentiremos mejor mental y físicamente cuando nos liberemos de la obligación de siempre tener que estar en lo cierto y del temor a que otros vayan a juzgarnos por estar equivocados. Así que he tratado de ser entusiasta cuando digo que estoy equivocado. No me quedo callado al respecto. Reconozco abiertamente cuando alguien tiene la razón y yo estoy equivocado. Y es igualmente importante decirles a otros que tienen la razón como lo es reconocer que estoy equivocado.

Todos necesitamos saber que a pesar de nuestros errores, la mayoría de las personas puede encontrar perdón en su corazón y con el tiempo olvidar. También podemos devolver gracia al perdonar a otros cuando han estado equivocados. Uno de los mejores ejemplos en los que pienso es en el carácter de Gerald R. Ford. Perdí un amigo y la nación a un venerado líder cuando el Presidente Gerald Ford falleció el día después de navidad en 2006. Jerry Ford creció en mi ciudad natal de Grand Rapids, Michigan, fue una estrella en el equipo de fútbol americano de la Universidad de

Michigan jugando en el campeonato nacional y fue nuestro congresista por muchos años. Me emocioné y sentí orgulloso cuando mi amigo y vecino llegó a ser Presidente de los Estados Unidos y me entristecí grandemente en su funeral en mi ciudad.

El cubrimiento noticioso sobre su muerte fue un testimonio de él, un hombre humilde que proclamó su confianza en la dirección de Dios durante su presidencia. Su integridad y fe nunca fueron más evidentes que cuando perdonó a Richard Nixon. El presidente Ford sabía que muy seguramente ese perdón pondría en riesgo su campaña presidencial de 1976, pero hizo lo que creía que era correcto. En un discurso dirigido a la nación explicando el perdón, el señor Ford dijo que no podía esperar que Dios le mostrara justicia y misericordia si él no podía mostrar justicia y misericordia a otros. Él vio más allá de la política y de la ganancia personal al perdonar y olvidar con el interés de sanar nuestra nación. Como el Presidente Ford admitió delante de la mayoría de estadounidenses, el futuro del país importaba mucho más que el destino de un presidente anterior.

Desperdiciamos energía cuando odiamos a alguien en lugar de perdonarlo. Jesús nos dijo que perdonáramos a nuestros enemigos. Nosotros también debemos perdonarnos a nosotros mismos, sabiendo que Dios nos puede perdonar por cualquier pecado que confesamos. Imagino al Presidente Ford en la oficina Oval, desesperado por sanar a nuestra nación, ansioso por hacer que avanzara, y llegando a la conclusión de que su única elección como cristiano y como líder, era dejar el pasado atrás por medio del perdón y mirar hacia adelante. Nosotros podemos hacer la misma elección. Un futuro positivo es más importante que cualquier rencor que podamos mantener contra alguien, o cualquier culpa que podamos albergar por errores pasados.

Con frecuencia cuando hablo, me presento con estas sencillas palabras: "Soy un pecador salvado por gracia". Esto comenzó cerca de veinte años atrás cuando me pidieron que hablara a un grupo de serios ejecutivos en Detroit, quienes se habían reunido en un suntuoso hotel para escucharme hablar sobre el éxito en los negocios. La mayoría de los miembros de la audiencia sabía muy poco acerca de mí, aparte de mis logros en los negocios. El maestro de ceremonias me dio una larga y aduladora introducción sobre mi éxito ayudando a construir una corporación internacional y mencionó algunos de mis premios, cargos como presidente de junta y grados honoríficos de doctorado. Parecía que nunca iba a acabar. Cuando finalmente recibí el podio, le di gracias por tan generosa presentación pero le expliqué a la audiencia que deberían saber quién realmente era yo, "sólo un pecador salvado por gracia". La frase sólo fluyó y pegó; con frecuencia me he presentado con esas palabras desde entonces porque veo mi fe como el bien más importante en mi vida.

Durante mi niñez en Michigan el invierno generalmente significaba fuertes nevadas. Recuerdo cómo la nieve que caía casi ocultaba las luces de la calle y se acumulaba sobre las vías. En las mañanas de invierno nos levantábamos y encontrábamos un mundo cubierto de una fresca capa de polvo brillante blanco. La pura y fresca nieve recién caída nos puede hacer apreciar por qué el salmista usó la nieve como referencia cuando le pedía a Dios que perdonara sus pecados y lo lavara de nuevo. Es difícil imaginar algo más blanco que una nueva capa de nieve brillando bajo el sol de la mañana. Aun así tenemos la promesa de que la gracia salvadora de Dios puede dejarnos más blancos que la nieve. Sin importar qué hayamos hecho en el pasado y qué nos genere remordimiento, algo por lo que nos avergonzamos, o por lo que deseemos arrepentirnos, Dios puede limpiarnos sin dejar rastro.

"Estoy equivocado" es una frase poderosa para personas positivas porque puede lavar el dolor de una relación tensa, hacer que una negociación avance, terminar una discusión, comenzar un proceso de sanidad e incluso convertir enemigos en amigos. Puede ser un riesgo para la mayoría de las personas. Admitir que estás equivocado puede ser una amenaza a tu autoridad, credibilidad y carácter, pero la mayoría de cosas que vale la pena tener en la vida requieren riesgo.

A lo largo de mi carrera he usado mis experiencias navegando como ejemplos de toma de riesgos, señalando que nunca aprenderás a navegar quedándote en la orilla. A menudo cuento la historia de cómo Jay y yo vendimos nuestros negocios poco después de la Segunda Guerra Mundial y compramos un viejo bote de vela. Salimos de Connecticut y nos dirigimos por la costa al sur hacia nuestro destino planeado en América del Sur, a pesar de que ninguno de los dos jamás había navegado un bote. Nos perdimos, encallamos y una vez estuvimos tan fuera de curso que la guardia costera tuvo problemas para encontrarnos. Nuestro agujereado bote terminó hundiéndose en la costa de Cuba, pero nosotros seguimos nuestro viaje por otros medios hacia Sur América y aprendimos una valiosa lección sobre tomar riesgos y avanzar con confianza. Si esperas a tener todo el conocimiento y la experiencia que crees necesitar, nunca tomarás un riesgo ni alcanzarás una meta.

Durante el tiempo en el que la Corporación Amway tomó un gran riesgo al expandirse con nuestro primer afiliado extranjero en Australia, di un discurso a nuestros distribuidores independientes llamado *Los cuatro vientos*. Mi mensaje consiste en que los cuatro vientos vienen de todas la direcciones de la brújula; algunos días soplan a tu favor, y otros en tu contra. Nuestro éxito depende de cómo hacemos frente a los diferentes vientos. En aquellos días yo estaba navegando mucho en el Lago Michigan. Los vientos del oeste podían ser suaves y yo navegaba con la brisa. Algunos días el viento cambiaba al este y sabía que estaba frente a un clima inusual e impredecible. Cuando un viento noroccidental cruza el Lago Michigan tras un frente frío después de un clima húmedo, el lago empieza a hervir, y debes saber cómo maniobrar tu bote o salir de la carrera.

Para mí, sin importar el viento que enfrente, la esperanza es una constante. Cuando estás navegando, el viento sopla muchas condiciones preocupantes en tu camino. Así también es con la vida. Y esas condiciones inquietantes, esos cambios de circunstancias, pueden quebrarnos o realizarnos. Cómo enfrentamos los buenos días no es lo que determina cuán bien nos va en la vida. Es cómo enfrentamos los días malos. En un bote de vela en medio de condiciones perturbadoras, el navegante puede ajustar las velas. En esos momentos inquietantes cuando estamos equivocados, necesitamos ajustar nuestro pensamiento al aceptar nuestro error y considerar cómo podemos ajustar mejor las cosas con la otra persona. Enfrentamos las situaciones difíciles al reunir el valor para decir "estoy equivocado". Es un riesgo, pero da grandes recompensas y nunca lo sabrás hasta que digas la frase "estoy equivocado".

Ya no puedo imaginarme poniendo en riesgo mis relaciones con mi familia o amigos por tener miedo o ser demasiado obstinado para decir: "Estoy equivocado. Tú tenías razón. Lo siento y por favor perdóname". La vida es muy corta. Un ego no es muy grande ni muy frágil para que una persona sane una herida y arregle una relación con unas pocas y sencillas palabras.

"Estoy equivocado" cambia nuestras actitudes y nos abre a los beneficios de tener relaciones saludables al buscar maneras cómo ser positivos. Es difícil estar equivocado y aún más difícil admitirlo delante de alguien. Pero todos necesitamos aprender esa dura lección. ¿Sabes en tu corazón que has estado equivocado pero nunca lo admitiste para ti mismo ni delante de alguien que debería saberlo? ¿Qué pasaría si le dijeras a esa persona, "Estoy equivocado. Tú tenías razón". Inténtalo. Encontrarás que no es tan intimidante como lo imaginas, y seguirá haciéndose más fácil.

2

"Lo siento"

Junto con decir "estoy equivocado", debemos disculparnos. En el proceso de estar equivocados podemos haber lastimado a alguien, así que admitirlo debe ser más que algo técnico o mecánico como sólo decir que la otra persona tenía razón y nosotros estábamos equivocados. Cuando le hacemos daño a alguien, esa persona responderá con ira hacia nosotros. Debemos hacerle saber que honestamente lamentamos lo que hicimos. Es muy fácil procurar defender nuestra posición, pero es sorprendente ver cuántos problemas desaparecen cuando decidimos decir "lo siento". Toda la ira y la emoción se desvanecen. El impacto positivo sobrepasa completamente nuestra renuencia a admitir que también nos equivocamos o el riesgo a que nuestro ego sea lastimado o a perder reputación.

Mi hijo menor Doug, siendo adolescente muchas veces escuchó mi discurso sobre el tema de frases poderosas, incluyendo el poder que tiene decir "Estoy equivocado y lo siento" para terminar cualquier discusión. En el discurso yo decía: "Lo bello de decir 'estoy equivocado y lo siento' es que pone fin rápidamente a una discusión. Tan pronto alguien admite que está equivocado y se disculpa, ¿qué más queda por decir?" Una noche cuando Doug faltó a su hora de llegada yo lo estaba esperando. Entre más tarde era, más me preocupaba. En serio que me iba a lanzar sobre él tan pronto pasara por la puerta. Finalmente la puerta se abrió y Doug entró calladamente y vio que lo estaba esperando. Él sabía que era tarde y vio que yo estaba enfadado. Pero no dio excusas. Rápida y de forma sencilla me dijo, "Papá, estoy equivocado y lo siento". Yo estaba enfurecido, pero después que Doug admitió que estaba equivocado y que lo sentía, ¿qué más podía decir yo? Además, creo que lo dijo con sinceridad, ¡por lo menos en ese momento!

"Estoy equivocado" y "Lo siento" son compañeros. En realidad son palabras sanadoras para tus disculpas. "Lo siento" es una etiqueta para "Estoy equivocado" pero también va separado. Y al igual que "Estoy equivocado", es una frase que tiene que ser aprendida y es difícil de decir.

Muchos de nuestros líderes políticos y celebridades harían bien al aprender esta lección. ¿Cuándo fue la última vez que escuchaste una disculpa pública, un "lo siento", de parte de personajes bien conocidos en respuesta a sus errores o indiscreciones? Ellos son más adeptos a usar palabras que defienden sus posiciones. Desde presidentes y congresistas sorprendidos en mentiras y escándalos hasta estrellas de rock y atletas sorprendidos en actos criminales o socialmente inaceptables, escuchamos muchos giros de relaciones públicas y racionalizaciones, menos un sencillo "lo siento", a menos que estén contra la pared y necesiten salvar sus carreras. La verdad es que el público americano muy seguramente valoraría su humildad, tendría empatía con ellos y los perdonaría y pronto olvidaría, si escuchara una disculpa honesta e inmediata. Dos palabras podrían evitar un extenso brote de reportajes noticiosos negativos.

Defender posiciones, usar palabras para encubrir en lugar de sacar a la luz, culpar a la otra persona y eludir responsabilidad, todo eso puede ocurrir cuando elegimos un camino negativo en lugar de tomar la decisión de ser positivos. Este comportamiento perpetúa el deslizamiento hacia una sociedad negativa. Vemos esta tendencia negativa entre nuestros líderes en Washington, D.C. Nuestro país fue fundado sobre valores morales. Nuestros líderes tomaron decisiones por medio de bien pensados debates y un compromiso con alcanzar un bien mayor. Las diferencias de opinión eran acogidas y respetadas a fin de llegar a las mejores soluciones. Los partidos políticos podían haber tenido diferencias sobre cómo alcanzar metas para el país, pero al final podían estar de acuerdo en que todos eran americanos y que miembros de ambos partidos podían concebir ideas dignas de consideración y respeto.

Por mi experiencia con el gobierno, parece que ya no aceptamos el debate. Republicanos y demócratas quieren hacer las cosas a su manera o no hacer nada. Un demócrata no logra encontrar un sólo halago para un presidente republicano. Un republicano no halla mérito alguno en un proyecto de ley de un demócrata. La verdad es que tenemos ideas meritorias a ambos lados del problema y a ambos lados del pasillo. Debemos apreciar a los demás y sus puntos de vista y estar dispuestos a comprometernos a llegar a una legislación positiva.

La habilidad para decir "lo siento" muestra que podemos ver el punto de vista de la otra persona, que deseamos conservar una relación y que no somos demasiado grandes como para inclinarnos a ver el bien en los demás. Una disculpa es una decisión consciente a la que llegamos cuando tenemos empatía por los sentimientos de otros. En lugar de pensar en la disculpa sólo desde nuestro punto de vista como una admisión de nuestras equivocaciones, consideramos cómo nuestra disculpa beneficiará a la persona que hemos ofendido y de hecho tendrá un impacto positivo en su vida.

A finales de los años 1980, me impactó algo que Walt Disney había escrito, y usé sus palabras como base de uno de mis discursos. Disney dijo que hay tres tipos de personas: los "envenenadores de pozos", que son quienes critican y tratan de destruir a las personas en lugar de edificarlas; los "podadores de pasto", buenas personas que hacen su trabajo, pagan sus impuestos, y cuidan de sus familias y casas pero nunca se aventuran a salir de sus patios para ayudar a otros; y los "enriquecedores de vida", quienes por medio de sus amables palabras y hechos, enriquecen la vida de otros y dejan su mundo siendo un mejor lugar por haber vivido en él.

Al final del discurso leo la historia de la maestra Thompson que fue escrita por Elizabeth Ballard en 1976. Puedes leer toda la historia en el libro de Charles Swindoll *Quest For Character (La búsqueda del carácter maduro)*, pero en resumen, se trata de una maestra de escuela y uno de sus estudiantes que no era apreciado y luchaba en clase porque nunca había tenido una vida de hogar decente o a alguien que lo cuidara. Al ver sus calificaciones escolares y su apariencia descuidada, la maestra Thompson también lo ignoró hasta que algo sucedió en navidad.

Mientras los otros estudiantes le dieron a la profesora Thompson regalos nuevos comprados por sus padres, este niño desagradable y de bajo rendimiento le dio un llamativo brazalete de piedrecillas y un perfume barato que habían pertenecido a su madre antes de su muerte. Los demás estudiantes comenzaron a burlarse de su regalo. Pero ella tuvo el buen gesto de detenerlos al probarse el brazalete, usar algo del perfume y hacer un buen comentario del regalo. La maestra Thompson también oró esa noche pidiéndole perdón a Dios por ignorar a ese pequeño que nadie parecía amar, y se comprometió desde ese día a ver lo bueno en aquel pequeño antes rechazado. Comenzaron una amistad que siguió hasta su graduación de la Escuela de Medicina.

El día de su boda, él invitó a la profesora Thompson a sentarse donde se habría sentado su madre si estuviera viva.

Como en la historia del buen samaritano, la historia de la maestra Thompson es un recordatorio de la obligación que tenemos de animar a otros. La historia no es común sólo por ser rara. La mayoría de las personas eligen ignorar a quienes tienen necesidad de ser animados. Es posible usar nuestras actitudes y frases positivas para conectarnos con las personas. En lugar de defender nuestra posición y tratar de hallar culpables, podemos tener empatía en lugar de criticar, ser humildes en lugar de ser arrogantes. Es por eso que la habilidad de decir "lo siento" es tan importante.

También hay muchas cosas que son factibles lamentar pero en las que no estás equivocado: "Lamento que hayas perdido un ser querido". "Lamenté saber lo de tu enfermedad". "Siento que no hayas logrado obtener el empleo por el que te esforzaste tanto". Decir que lo sentimos muestra nuestra empatía y humildad cuando expresamos nuestras condolencias por una pérdida o simpatizamos con la dificultad de alguien.

También podemos ser de especial ayuda con nuestros hijos o nietos cuando enfrentan decepciones que hacen parte del crecimiento. Algunas de estas cosas pueden no parecer importantes para nosotros desde nuestra perspectiva de adultos, pero son muy dolorosas para jóvenes que están tratando de demostrar quiénes son y buscan aprobación y evitar la vergüenza. Ha habido momentos en los que he visto cómo el temperamento o comportamiento de un niño comunica que él o ella tuvo un problema ese día. No todos los niños ingresan al equipo o son elegidos para el papel protagonista. Esos son momentos en los que podemos abrazarlos y decir: "Lo siento. Estoy orgulloso de ti por intentarlo. Sigue intentándolo, porque ¡sé que puedes!"

Otra forma de decir "lo siento" es disculparse por no poder ir a una función o acceder a una solicitud. Éste es un aspecto diferente de "lo siento": lo siento por algo que no pude hacer, lamento haber faltado a tu fiesta, o siento mucho no haber podido cenar contigo anoche. Debemos decir: "Lamento no haber estado ahí" con un sentido de amor y respeto.

Como abuelo con una agenda llena de eventos en los que participan mis nietos, soy muy consciente de cuándo no puedo asistir, así que muchas veces tengo que decir que lo siento. Cada día en mi horario impreso hay una lista, encima de todo, de lo que mis nietos están haciendo ese día. Así no pueda asistir a ese evento, les hago saber con una llamada o una tarjeta que estoy pensando en ellos, que estoy orgulloso de ellos y que lamento no estar con ellos. De esa manera decir que lo siento crea otra oportunidad para comunicarme con mis nietos. Pero decir "lo siento" también quiere decir que estoy enterado de lo que están haciendo. Así que cuando me pierdo un evento, por lo menos puedo hacerles saber que estuve con ellos en espíritu y que lamenté no estar presente.

También necesitamos admitir nosotros mismos y ante los demás, errores pasados o errores de juicio, o cuando tenemos remordimiento por perder una oportunidad o por hacer menos de lo que pudimos haber hecho. Yo mismo lamento que, cuando nuestra compañía estaba creciendo, no nos esforzamos más por promover libertad y libre empresa junto con el negocio. Probablemente otros ejecutivos se sienten igual. No haber estado atentos a proteger la libertad de la que hemos disfrutado como nación y la libre empresa como base de la economía se está volviendo en nuestra contra. Los Estados Unidos se están deslizando hacia el socialismo. Lo siento mucho, casi me siento culpable de no haber sido más agresivos.

Intentarlo, así fallemos, es mejor que después tener que decir lo siento. Así no logremos éxito en una empresa, hemos ganado experiencia, hemos ampliado nuestra manera de pensar, y podemos haber logrado más de lo que alguna vez pensamos posible. Jay y yo una vez tuvimos un restaurante. El restaurante fracasó, pero por lo menos aprendí dos cosas: lo difícil que es obtener ganancias con un restaurante, y que ¡definitivamente no era un negocio para mí! Todos deberían intentar algo como eso alguna vez y recuperarse.

La habilidad de disculparse requiere ver una situación desde el punto de vista de otra persona. Eso significa interesarse en la gente, incluso en quienes no se parecen en nada a nosotros. Me han catalogado como una persona con don de gentes. Eso sencillamente significa que te gusta la gente, tratas de entenderla, muestras interés y tratas de ver cosas desde su punto de vista. Honestamente no puedes decir que lo lamentas o expresar simpatía sin entender a los demás y sus situaciones. Cuando estoy en uno de nuestros hoteles, me gusta caminar por la cocina o un área en la que está el personal para saludarlos y agradecerles por su trabajo. Me gusta caminar por el estadio de Amway y hablar con los empleados antes de que mi equipo los Orlando Magic entre. La gente me dice que les fascina lo fácil y rápido que puedo entrar en conversaciones con todo el mundo, desde un vecino nuevo hasta un paciente que aguarda a mi lado en la sala de espera.

Mis nietos nunca olvidarán la vez en la que estábamos de vacaciones en las Islas Marquesas cerca de Tahití, y me hice amigo de un hombre que vivía en una choza en la playa. Él tenía una gran sonrisa que sólo mostraba dos dientes. Él conocía muy bien la isla así que lo contraté para que fuera nuestro guía a una cascada remota. Esa cascada resultó ser uno de los sitios más bellos de la isla, un sitio que nunca habríamos podido explorar sin su ayuda. Nunca habríamos disfrutado una experiencia como esa si yo no hubiera tomado la iniciativa de conocer a un extraño.

Es por eso que decir que lo sientes es un toque sanador. Las palabras dejan que la otra persona sepa que entiendes y que en serio quieres enmendar las cosas o dar apoyo. Todos hemos estado en ese punto: sacando el valor para decir "lo siento" después de una discusión en la que sabemos que estábamos equivocados; entrando a una sala de velación, tratando de hallar qué palabras decirle a un amigo que acaba de perder a un ser querido; teniendo que reafirmar a un amigo cuya confianza se ha afectado tras recibir una carta de no admisión.

La vida está llena de eventos en los cuales la frase "lo siento" puede ser poderosa. Expresar estas dos pequeñas palabras a veces puede ser difícil, pero crear el hábito de usarlas vale la pena el riesgo y enriquecerá tu vida y la vida de otros. Pasarás de sentir que debes razonar o defender lo que sabes en el fondo de tu corazón que fue un comportamiento equivocado o hiriente. Decir esas palabras quitará el peso de una consciencia cargada por guardar silencio. Tus palabras serán enriquecedoras para la persona con quien te disculpas. Decir "lo siento" validará tu interés por ellos y tu deseo de sanar la relación que de otra forma se habría dañado o habría finalizado por dejar de decir dos palabras.

3

"Tú puedes"

Una estudiante me preguntó en un banquete universitario, "¿Qué es lo más importante que una persona joven como yo debería saber?" Y le dije: "Debes desarrollar una filosofía de 'tú puedes', y lograrás lo que quieras". Pareció sorprendida. Probablemente nunca le habían dicho eso antes, así que me alegró tener la oportunidad de ejercer una influencia positiva en una persona joven.

"Tú puedes" ha sido una frase definitiva en mi vida. La mejor manera de compartir el poder de esa frase contigo es compartir parte de mi historia, la cual fue impulsada por la filosofía de "Tú puedes". Fui afortunado en mi juventud porque "¡Tú puedes!" fue la frase positiva que mi padre siempre usó para animarme. Soy conocido por esa frase porque la utilicé para ayudar a motivar a distribuidores Amway en todo el mundo. La he conservado en mi vocabulario para usarla con mis propios hijos, nietos, y otras personas que valoro y que deseo que cumplan todo su potencial. "Tú puedes" ha sido el eslogan en nuestro hogar, y creo que ha tenido un impacto positivo en nuestros hijos.

Cuando era niño, durante la Gran Depresión, se me inculcó el pensamiento de que podía hacer cualquier cosa en esos tiempos difíciles. Mi familia tuvo que dejar la casa en la que pasé muchos años maravillosos de mi niñez porque mi padre no tenía empleo y no podía conservarla. Nuestra familia tuvo que mudarse a las habitaciones superiores de la casa de mis abuelos, donde recuerdo que dormía bajo las vigas. Vivimos allá durante los peores cinco años de La Depresión. Pero no fueron días malos para mí siendo niño. Mis primos vivían en el vecindario. No había muchos autos, así que podíamos jugar pelota en la calle. Nuestra pelota se desgastaba tanto que teníamos que envolverla con hilazas y envolverle trapos. No teníamos con qué comprar una nueva.

El dinero nos limitaba en esos días. Yo comencé a hacer una ruta repartiendo periódicos para ganar dinero y la hice a pie hasta que gané lo suficiente para comprar una bicicleta usada. Diez centavos era una gran cantidad de dinero. Recuerdo que un hombre vino a nuestra casa vendiendo revistas y lloraba porque no podía regresar a casa hasta que vendiera la última. Mi padre le dijo con honestidad que no tenía ni diez centavos en casa. Aún así mi padre continuó animándome con "Tú puedes".

Mi padre fue un hombre muy positivo. Él creía en el poder del pensamiento positivo. Y lo predicaba así su propia vida no fuera tan exitosa como él habría esperado. Pero nunca se volvió negativo. Siempre me decía: "Vas a lograr grandes cosas. Te irá mejor que a mí. Vas a llegar más lejos de lo que yo he llegado. Vas a ver cosas que yo nunca he visto".

Mi madre admitía que no era muy positiva. Pero un día después de la muerte de mi padre me dijo: "He decidido que tengo que ser positiva si vas a venir a verme, porque no vas a venir sólo a escuchar cómo me quejo", así que desde el día que tomó la decisión, comenzó a ser positiva. Ella honró la creencia de mi padre y "lo hizo". ¡Yo estaba muy orgulloso de ella! Y esa fue una afirmación más a mi creencia de que ser positivo es una decisión, algo que podemos aprender si nos concentramos en buscar lo que es bueno en la vida y en otras personas. También muestra que si eres una persona positiva, tu actitud contagiará a otros y serán menos propensos a ser negativos cuando estén cerca de ti.

Fui bendecido por crecer en una atmósfera positiva. Años más tarde di tributo al valor de una atmósfera positiva en uno de mis discursos llamado *Las tres Aes: Acción, Actitud y Atmósfera*. Todos queremos actuar. Pero nuestras acciones brotan de una actitud positiva. Y una actitud positiva se desarrolla cuando estamos o decidimos introducirnos en la atmósfera correcta. Mi atmósfera fue el amor de esa familia unida que halló felicidad durante lo más bajo de La Depresión y creyó en un mejor mañana. Fui afortunado por estudiar en una escuela privada, Escuela Cristiana Secundaria de Grand Rapids. Mis padres trabajaron duro e hicieron sacrificios para enviarme a esa escuela. Yo apenas hacía lo suficiente por sacar notas suficientes para pasar, lo cual decepcionó a mi padre, quien me sacó de la escuela y me envió a una escuela pública para que aprendiera electricidad. Pronto comprendí todo lo que había perdido por perder el tiempo. Decidí volver a la Escuela Cristiana Secundaria de Grand Rapids y le dije a mis padres que haría trabajos varios para ganarme lo de la matrícula. La segunda vez en la escuela fui más serio y obtuve mejores notas. Incluso fui elegido el presidente en mi último año.

Hasta hoy estoy agradecido por haber ganado el privilegio de estudiar en una escuela que reforzó las lecciones de fe, optimismo y trabajo duro que estaba aprendiendo en casa. Cuando decidí volver a la Escuela Cristiana Secundaria de Grand Rapids y ofrecí pagar mi propia matrícula, fue la primera vez que tomé una decisión que traía consecuencias. Entendí que no iba a ser feliz siendo electricista y que probablemente el sueño de mi padre para mí podía ser una visión que dirigiera mi vida. Esa también fue la escuela en la que el respetado maestro que mencioné anteriormente escribió esa sencilla pero memorable frase en mi anuario, la cual cambió mi vida: "Con talentos para el liderazgo en el Reino de Dios", otra afirmación de "Tú puedes".

La escuela secundaria también fue el lugar donde conocí a Jay Van Andel y comenzamos una sociedad de por vida. El padre de Jay era propietario de una venta de autos. Así que Jay, durante esos tiempos difíciles, era uno de los dos estudiantes que tenían auto en nuestra escuela. Todavía puedo recordar a todo el mundo metiéndose al auto de Jay, después de la escuela, copando las sillas, uno encima de otro en el asiento trasero e incluso parándose en el estribo de su Ford Modelo A. Le pagaba veinticinco centavos por semana para que me llevara a la escuela.

Las conversaciones en esos recorridos estaban llenas de sueños de juventud por un futuro brillante y tendieron el fundamento para nuestras carreras como empresarios. Estábamos convencidos que podíamos. Pienso que mi sobresaliente vida creando muchas empresas, criando a una familia y viviendo para disfrutar de mis nietos está fundamentada en "¡Tú puedes"!

En la escuela, Jay y yo hicimos el pacto de tener algún tipo de empresa juntos. Tras regresar de servir en el exterior en la Segunda Guerra Mundial, iniciamos una escuela de aviación, aunque ninguno de los dos sabía volar. Comenzamos uno de los primeros restaurantes estilo *drive-in* en nuestra área sin tener ninguna experiencia en restaurantes.

Y con el tiempo comenzamos Amway en 1959 en los sótanos de nuestras casas.

Así que por esa atmósfera positiva me convertí en una persona positiva. Y con las palabras de ánimo de mi padre, "Tú puedes" sonando en mi cabeza, tenía la confianza de que podía. Mi esposa Helen me llama aventurero, dando como ejemplo cuando llevaba a nuestra familia a todas partes del mundo donde ella nunca habría imaginado ir. Pero yo sólo decía "¡Vayamos a este sitio! Intentemos esto". Creo que ver la vida como una aventura es la descripción perfecta de la persona positiva que piensa "Tú puedes".

Ni en mis sueños más atrevidos pensé en tener el éxito en los negocios que he tenido. La más grande bendición de esta experiencia ha sido la satisfacción de obtener logros usando los talentos que Dios me ha dado, generando oportunidades de negocio para millones, empleando a miles que sostienen a sus familias, y compartiendo mi éxito por medio de la filantropía con Helen. Al llegar a la cima de una elevación cerca de Ada, Michigan, la gente puede ver un complejo de plantas de producción y edificios de oficinas que se extiende por una milla. En la entrada hay cincuenta postes con banderas de muchos países en los que la compañía tiene afiliados. Estas son las oficinas generales a nivel mundial de Amway. La gente que ve esto y conoce el éxito que ha alcanzado Amway nos da crédito a Jay y a mí como ejecutivos visionarios que planearon su éxito. ¡Tonterías! La verdad es que sólo éramos un par de jóvenes tratando de ganarse la vida y sostener a sus familias como todos los demás. Nunca pudimos haber soñado con algún día tener una compañía con billones de dólares en ventas anuales, record de afiliados en países, miles de empleados y millones de propietarios de negocios en todo el mundo.

Fuimos bendecidos por crecer en una atmósfera positiva y tener talentos que fueron dones de Dios. Nuestra empresa comenzó a construirse en nuestros corazones y mentes con el ánimo de "Tú puedes hacerlo", y la confianza inculcada por padres y maestros amorosos y positivos.

Una actitud de "Poder hacerlo" comienza con una filosofía sencilla. La frase de mi padre era "Tú puedes". A comienzos de los años 1970, estaba dando un discurso en el cual dije que la decisión de ser positivo radicaba en "Tratar o llorar". He bromeado diciendo que a menudo he dado el mismo discurso pero con títulos diferentes. Recordando "Tratar o llorar", puedo ver que he estado en la misma misión por décadas, tratando de motivar a la gente a ver los beneficios de una perspectiva positiva. Les decía a mis audiencias que se puede poner a la gente en dos categorías: quienes están dispuestos a intentar, y quienes prefieren no hacerlo y sentarse a llorar por lo que les tocó en la vida y criticar a quienes lo intentan. Les decía que vivíamos en una época en la que no sólo era fácil ser un crítico sino que también estaba de moda.

Les recordaba la extensa lista de emprendimientos que Jay yo habíamos intentado, y cómo seguimos intentándolo después de los fracasos: nuestro negocio de aviación, el restaurante estilo *drive-in*, importando productos de caoba, haciendo caballos mecedores en madera, vendiendo refugios antibombas. El mercado para lecciones de vuelo nunca alcanzó su punto máximo después de la Segunda Guerra Mundial como se había soñado. Tiramos bandejas de hamburguesas que dejamos mucho en la parrilla porque no éramos cocineros profesionales en comidas rápidas. Por años tuvimos un inventario de elásticos y ruedas de madera que quedaron de los caballos de juguete que habíamos decidido fabricar, justo cuando una gran compañía de juguetes presentó un hermoso modelo en plástico.

Pero seguimos intentándolo. No sabíamos nada de química, fabricación, empaque, ingeniería o recursos humanos cuando comenzamos Amway. Nuestra primera experiencia tratando de operar una máquina de etiquetas dejó más etiquetas en las paredes, pisos y en nosotros mismos que en nuestros empaques. Pero creamos una compañía que hoy emplea a miles de personas que producen miles de productos que nuestros distribuidores, conocidos como empresarios independientes, venden por millones.

Hoy "Tú puedes" se ha convertido en un eslogan repetido en todo el mundo en los negocios de Amway. En Japón o China y otros países asiáticos donde Amway tiene afiliados, puedes escuchar a los distribuidores animarte diciendo "Tú puedes". Me piden que firme libros con la frase "Tú puedes". En Asia se ha convertido en un verdadero clamor. Esa frase positiva ha sido llevada por todo el mundo a personas que a menudo se les ha dicho que no pueden lograrlo. Cuando Amway abrió en Rusia, me pidieron que llamara desde mi casa en Florida y le dijera a una audiencia de cerca de seiscientas personas "Tú puedes". Nuestro personal allá me dijo que fue la reunión más estridente que hubieran tenido. Los rusos estaban emocionados por la idea de ser libres, tener sus propios negocios y hacer algo importante por ellos mismos. Me dijeron que había gente parada en las sillas, cantando y animándose, una atmósfera que parecía más un juego de fútbol que una reunión de ventas. ¡El tema de "Tú puedes" fue increíblemente poderoso para ellos!

Como lo mencioné, mis hijos también han crecido con "Tú puedes" como tema en sus vidas. Siempre les he dicho que pueden hacer aquello a lo que se sientan atraídos y que puedan hacer y nosotros los apoyaremos, creeremos en ellos y los animaremos.

Después que me jubilé, nuestro hijo mayor, Dick, me sucedió como presidente de Amway. Me quité del camino y le permití dirigir la compañía. Dick lideró nuestra expansión por todo el mundo porque tenía la actitud de "Tú puedes". De hecho, él había sido el director de nuestra división internacional por muchos años porque tenía esa actitud. Luego comenzó su propia empresa y en 2006 decidió ser candidato a gobernador del estado de Michigan porque todavía tenía la actitud de "Tú puedes". Cuando me informó de su decisión yo le dije: "Vaya, no es un momento muy bueno para eso ¿cierto?" Le advertí que competiría contra una gobernadora demócrata muy reconocida en un estado fuertemente demócrata. Él me dijo que entendía eso pero que no tenía ninguna duda en su mente de su habilidad para hacer el trabajo e iba a competir.

En la noche de las elecciones, con sólo 10 por ciento de los votos contados y Dick atrás, todos estábamos tratando de ser positivos cuando Dick entró a la habitación. Anunció que había llamado a la gobernadora y la había felicitado por su triunfo. Todos estábamos tratando de tener esperanzas pero Dick había sido realista ante los números y los distritos y entendió que la competencia había terminado.

Después de la elección lo visité y me dijo que se sentía muy bien. Dijo que había pasado un muy buen tiempo al frente de su campaña, que había conocido gente muy agradable en todo el estado y ¡había tenido una gran experiencia! Aunque perdió la elección, nunca dudó en su mente que habría podido hacer el trabajo. La actitud de "puedo" era obvia en todo lo que hacía.

Mi segundo hijo, Dan, decidió iniciar su propia empresa después de ser un ejecutivo de Amway por muchos años. Dejar la compañía era un movimiento valiente, pero también tenía esa actitud de "Tú puedes". Hoy es el exitoso propietario de varias empresas. Esa es una evidencia más de esa mentalidad.

Cuando se presentó la oportunidad de que un miembro de la familia dirigiera las operaciones diarias de los Magics de Orlando, nuestra hija Cheri y su esposo, Bob, quienes habían estado interesados en los deportes, ofrecieron mudarse a Orlando por tres años y asumir el trabajo. Ellos no tenían experiencia en ese campo pero en sus mentes no dudaban de sus habilidades. Así que fueron a Orlando para encargarse del equipo y se quedaron allá por tres años y ¡ocho más! Ellos tenían la actitud de "Tú puedes" y demostraron que podían.

Cuando mi hijo menor, Doug, fue a la Universidad Purdue, estudió negocios y gerencia con el plan de algún día dirigir Amway, y es lo que ahora hace. De nuevo, eso fue parte de la mentalidad "puedes". Él hizo parte del equipo de fútbol americano de Purdue como mariscal de campo, demostrando la confianza que viene de crecer en una cultura de "puedes". Él bromea que su carrera como jugador de fútbol en Purdue consistió en sólo un par de jugadas. ¡Pero lo hizo!

Como padres, debemos crear esa atmósfera positiva en nuestros hogares. Debemos animar a nuestros hijos a que pueden hacer lo que se propongan en sus mentes y que Dios los bendecirá y tendrá Su mano sobre ellos. Debemos enseñar a nuestros hijos a confiar en Dios y en ellos mismos, creer que Dios les dio grandes habilidades y talentos para hacer una diferencia en este mundo.

Una de mis mayores experiencias de "Tú puedes" fue cuando diez años atrás decidí emprender la fusión de nuestros dos hospitales más grandes en Grand Rapids. Entre estos dos hospitales había constante competencia: si uno tenía una unidad neonatal, el otro debía tenerla también y así sucesivamente.

Un hospital estaba considerando reconstruir una nueva instalación. Yo era presidente de la junta del otro hospital y dije: "¿Saben? Antes que construyan quisiera hacer un cambio fusionando ambos hospitales. Están a sólo tres millas de distancia, así que para servir mejor a la comunidad esto tiene sentido". Nuestro director me dijo: "Tú sabes que ya se ha intentado antes". Yo le dije que lo sabía pero los tiempos cambian y yo quería intentarlo. Así que accedió convirtiéndose en esa primera persona vital que siempre necesitamos para apoyo. Y ahí estaba yo pensando: "Si logramos sacar esto adelante, de verdad que va a ser algo inmenso. ¡Fusionar estos dos hospitales puede llegar a ser la cosa más grande que haya intentado jamás!".

Animé a las dos juntas directivas de los hospitales a cooperar, sin preocuparme por cuántas sillas tendría cada una en una junta fusionada, o quién sería el presidente y el director. Dimos un pequeño paso tras otro y gradualmente obtuvimos respaldo de más y más personas hasta que finalmente se fusionaron las juntas. Luego la Comisión Federal de Comercio se involucró diciendo que estábamos tratando de limitar la competencia. Me dijeron que era un defensor incondicional de la libre empresa y me preguntaron ¡cómo podía yo apoyar algo opuesto a la competencia! Pero los convencí de que los hospitales públicos eran diferentes a empresas privadas, y el jurado posteriormente falló a favor.

Ese es un ejemplo de una actitud de "puedes" a pesar de los grandes retos. Gracias al apoyo de ambos directores de los hospitales y muchas otras personas, ambos hospitales hoy son más fuertes de lo que eran y cada uno se especializa en diferentes necesidades críticas para nuestra comunidad. Generamos la masa crítica de equipo, instalaciones y personal para hacer centros de excelencia lo cual creó una "milla médica" en el centro de nuestra ciudad y una comunidad médica que es el principal generador de empleo de nuestra región.

"Tú puedes" también describe el espíritu de Estados Unidos y nuestro sistema de libre empresa que ha sido tan importante en mi vida. Helen y yo recientemente contribuimos a la Galería People's President en Mount Vernon con la esperanza de que esta exhibición ayude a preservar y restaurar el respeto y la gratitud por George Washington y otros que ganaron la libertad que hoy disfrutamos. Las exhibiciones son recordatorios visibles de ese gran líder que jugó un papel esencial en ganar nuestra libertad y crear nuestra nación. Siendo joven, Washington fue un valiente jinete que ayudo a domar las tierras salvajes. Se convirtió en un valiente líder luchando contra todas las probabilidades en batalla, y en un primer presidente que ayudó a inventar a los Estados Unidos de América. Para mí como empresario, me llama la atención que él dirigió seis empresas en Mount Vernon.

Descubrí que una visita al Rancho Reagan es una inspiradora reflexión del espíritu y carácter de fuerte individualismo, idealismo y trabajo duro americano que tiene el Presidente Reagan. Cuando tuve la fortuna de ser invitado a una cena a la Casa Blanca, supe que cualquiera que le hiciera una pregunta de política al Presidente Reagan recibía la misma respuesta: "La oficina está cerrada". Luego iluminaba la atmósfera con un chiste. Él exhalaba confianza y optimismo, nunca parecía estar dudoso o preocupado. ¡Él sabía que podía hacerlo! Y una de sus frases favoritas, "Es de mañana en Estados Unidos" demostraba su perspectiva.

Una vez tuve el privilegio de ser el narrador de la presentación de la Sinfónica de Grand Rapids de *Un Retrato de Lincoln*, por Aaron Copland. Si no has escuchado esta pieza, mezcla música inspiradora con palabras de Abraham Lincoln. Él fue el epítome de "Tú puedes". Comenzó su vida en una cabaña de piso sucio, de una habitación en las vacías planicies de Indiana, y a pesar de un año combinado de educación formal en varias escuelas de la pradera, fue elegido Presidente de los Estados Unidos. Antes de su presidencia fracasó como tendero y fue vencido en campañas por la presidencia de los Estados Unidos. Congreso y senado.

No es de sorprenderse que hayamos tenido presidentes con mentalidad de "puedes" porque vivimos en un país de "Tú puedes". Los primeros colonos que llegaron a Jamestown y enfrentaron las necesidades de supervivencia contra tremendas probabilidades en lo salvaje, con el invierno acercándose, debieron haber sentido que podían hacerlo, o nunca habría navegado cruzando el Atlántico para venir. Nuestros ancestros lucharon contra uno de los gigantes militares más formidables del mundo, la Armada Británica, para ganar nuestra independencia. Los redactores de nuestra constitución crearon un documento que ha servido a nuestra nación por más de doscientos años.

También debemos desarrollar una actitud de "puedes" entre todas las personas. Todos hemos tratado con gente que obviamente no tiene una actitud de "puedes", que siempre son negativos y siempre se quejan. Ser una persona que piensa "Tú puedes", tiene ramificaciones más grandes. Tenemos grandes oportunidades para ser personas positivas que generan más personas con mentalidad "Tú puedes". Nuestra actitud positiva puede ser vital para proteger un clima de oportunidad en el cual nuestros hijos y nietos pueden lograr grandes cosas.

Cuando iniciamos Amway pensamos: "Está bien iniciar una empresa para ganar dinero, pero *¿cuál es el propósito definitivo de nuestra empresa? ¿Por qué lucha? ¿Qué la mueve emocionalmente más allá de tratar de ganar dinero?"* Cuando pensamos en tener nuestro propio negocio, pensamos que la oportunidad de hacerlo era fundamental para Estados Unidos. Pensamos que todo el que quisiera debería poder tener su propia empresa. A partir de ese momento hicimos que nuestra causa fuera defender la libre empresa.

El mundo en ese tiempo iba dirigido hacia el socialismo y el comunismo, Fidel Castro acababa de tomarse Cuba. La Unión Soviética se estaba expandiendo en Asia y África. Muchos decían: "La libre empresa está muerta. Dios está muerto". La gente pensaba que el comunismo era la onda del futuro y que incluso se expandiría hasta América. Defender la libre empresa era nuestro grito de guerra. Muchas veces fuimos ridiculizados por eso, pero a pesar de todo le hicimos frente.

Finalmente, las personas con mentalidad de "Tú puedes" se tomaron Estados Unidos en los años de Reagan. Como dije, Ronald Reagan fue un hombre con mentalidad de "Tú puedes". Y Estados Unidos se convirtió en una sociedad de "Tú puedes". El Presidente Reagan reconoció que si recompensas apropiadamente a las personas que piensan así, éstas producirán más y más, lo cual ayuda a hacerse cargo de las personas que piensan "No puedes" al darles empleo. Ayudar a la gente económicamente en realidad es cuestión de lo que podemos hacer para crear más empleos, y ver la reducción en las cifras de desempleo.

Debemos animar y apoyar a la persona que tiene ambiciones y toma riesgos y está dispuesta a esforzarse para dar inicio al tipo de empresas que crean tantos de nuestros empleos hoy. Es asombroso lo que un poco de ánimo puede hacer.

Apoyo a una organización llamada Partners Worldwide. La organización crea alianzas entre empresarios, agricultores y cualquiera que dirija su propia empresa con alguien de otro país, usualmente un país del tercer mundo. Los socios americanos son mentores para su contra parte en otros países y les ayudan a tener más éxito.

Partners Worldwide también tiene un pequeño departamento de crédito para ayudar a una persona a comprar una máquina de coser o una máquina para reparar bicicletas o un mejor arado o tractor, cualquier máquina que pueda ayudarlos a ser más eficientes. Más de la mitad de las personas apoyadas por Partners Worldwide han podido aumentar su número de empleados por estas eficiencias. Partners Worldwide espera encontrar un millón de mentores. Un comentario interesante es que estos mentores están descubriendo que tienen un llamado como personas de negocios. En lugar de sólo ir a la iglesia y sentarse en las bancas, ahora son misioneros. Y las personas a quienes ayudan reciben el mensaje claro de "Tú puedes". Ellos son personas con mentalidad "Tú puedes", que están alcanzando logros por sí mismos y contratando a otras personas con la misma mentalidad.

Es importante estimular la actitud "Tú puedes" en otros y dentro de ti. A veces es lo único que lleva a una persona a lograr su meta. Permíteme darte un ejemplo. El Internal Revenue Services (Servicio de Ingresos Internos) tiene oficiales de tiempo completo asignado a Amway. Yo solía hacerle bromas a uno de los hombres del IRS sobre el hecho de que lo tenía en un pasillo en lugar de darle una oficina durante sus primeros días en la compañía. Finalmente uno de mis empleados me dijo: "De verdad debería darle una oficina a estos hombres". Yo dije: "¿Por qué? Déjalos que estén en el pasillo. ¡No quiero que se sientan cómodos!" Pero posteriormente les dimos una oficina.

Un día le dije al oficial que había estado ahí por años: "¿Todavía estás aquí?" Y con una sonrisa dijo: "Yo soy su aliado". Imagina. ¡Yo soy su aliado! Ese intrépido representante de campo tenía una inquebrantable actitud de "Tú puedes" a pesar de su entorno. Él hizo su trabajo obedientemente. Por eso, se ganó mi respeto.

Nunca descubrirás qué tan lejos puedes llegar si no empiezas a "hacerlo". De otra forma limitas toda tu vida y siempre tendrás de qué arrepentirte, pensando: "Quisiera haber intentado eso". Cuando desarrollas la actitud de "Puedo hacerlo", todo sucede, y el Señor luego te provee y comienza a darte respuestas. Evalúas obstáculos honestamente, pero los consideras como algo que hay que superar en lugar de una razón para no hacer nada.

Así lo hagas y fracases, tienes la fortaleza y el valor para saber qué tan lejos llegaste para intentarlo de nuevo, o hacerlo de otra forma la próxima vez, o aceptar un nuevo empleo con más confianza. Piensa en lo que podrías hacer y empieza. ¡Piensa en grande!

Muchas personas nunca intentan hacer algo porque tienen miedo, miedo al fracaso, miedo que alguien pueda criticarlos o burlarse, miedo de no tener el suficiente entrenamiento o experiencia. A ellos les digo: "Traza una meta y ve tras ella. *¡Tú puedes!*

4

"Creo en ti"

Una vez, en una subasta silenciosa, fui el ofertante ganador de una copia firmada del libro de Norman Vincent Peale, *The Power of Positive Living* y mientras hojeaba el libro recordé cómo su filosofía influyó en mí cuando apenas estaba comenzando en el negocio.

Me impactó especialmente el segundo capítulo, "Sé un creyente = Sé un triunfador". No podemos lograr nuestras metas más elevadas sin creer en nosotros mismos. Una de las maneras más efectivas como podemos ayudar a otros a lograr sus sueños es afirmándoles, "Creo en ti".

"Creo en ti" es una frase más personal que "Tú puedes". Creer en alguien en realidad es una extensión de esta frase. Usualmente les decimos "Creo en ti" a nuestros familiares y amigos cercanos. Pero no siempre tenemos que *decir* las palabras. Podemos demostrar "Creo en ti", por medio de nuestras acciones. A veces nuestra sola presencia en un evento o nuestro apoyo a una causa, dicen "Creo en ti".

El título de mi primer libro escrito hace más de treinta años, sencillamente fue ¡*Cree!* El libro declaraba algunas de las cosas en las que creía en ese entonces y que hasta hoy sigo creyendo. La filosofía y el mensaje del libro eran los mismos que transmitía en mis discursos a diferentes audiencias por todo el país. Quería ayudar a que la gente comenzara a creer en sí misma y en otros. Expresaba mi confianza en que Estados Unidos es el mejor país del mundo, que nuestro sistema de libre empresa es la razón por la cual éramos la nación más exitosa en términos económicos y que cada persona tiene una dignidad humana y una razón de ser. Todavía animo a las personas a creer porque para mí esa es la clave para ayudar a construir mejores comunidades, familias más fuertes, niños con mejores logros y más felices, y empleados que alcanzan sus metas laborales. Así que quiero hacer lo que pueda para que éstas personas sepan que creo en ellas y los animo a creer en sí mismos y a que sigan adelante y logren más de lo que pensaron posible.

Cuando lo piensas detenidamente, muchas de nuestras instituciones en realidad están fundamentadas en un sistema de confianza. Debemos creer el uno en el otro como parejas casadas y como familiares. Necesitamos creer que nuestros empleados y líderes gubernamentales están procediendo en busca de nuestros mejores intereses. Y debemos creer en nuestra forma de vida democrática y sistema de libre empresa como las mejores oportunidades para vivir como individuos respetables. Debemos creer en nosotros mismos y en nuestras habilidades para cuidarnos y lograr nuestras metas.

Necesitamos estar atentos para protegernos contra la influencia de quienes muestran con sus palabras o acciones que no creen en nosotros. Todos tenemos la tendencia a dudar de nosotros mismos. Y esa tendencia la pueden reforzar los pesimistas. Muchas personas logran poco más que una lista de quejas porque dudaron en lugar de creer, porque decidieron escuchar las opiniones negativas de los demás en lugar de intentarlo por sí solos. Estas personas habrían podido hacer uso de un poderoso impulso si hubieran escuchado la frase "Creo en ti".

He intentado hacer lo que esté a mi alcance para ayudar a los jugadores de los Magic de Orlando a creer que pueden ser campeones así las tablas de posiciones y las opiniones de los periodistas deportivos les digan lo contrario. Con un nombre como Magic, deberíamos ser un ejemplo de un equipo que cree. Hace años, cuando el equipo iba rumbo a las finales por primera vez, quería que los jugadores creyeran que podían ganar el campeonato. Los Magic nunca habían ganado un campeonato, así que era comprensible que fuera difícil para los jugadores creer que podían ser campeones. Probablemente estaban pensando que un campeonato era algo que otros jugadores y equipos lograban, menos ellos. Además de eso, los escritores deportivos, y muy llamados expertos, decían que eran muy jóvenes e inexpertos.

Una noche les hablé en los vestidores y les dije que desconectaran los aspectos negativos. Les hice estas preguntas: "¿Por qué no nosotros? ¿Por qué no ahora?" Eso se convirtió en nuestro grito de guerra para las finales. Pusimos ese lema en el vestidor. De hecho, tengo el eslogan en casa y todavía lo miro en busca de inspiración. Los Magic no ganaron el campeonato de la NBA ese año, pero creo que ayudé a los jugadores a creer en sí mismos y les hice saber que creía en ellos.

"¿Por qué no nosotros? ¿Por qué no ahora?" Ese sentimiento resume cómo deberíamos creer que podemos triunfar. Debemos creer que podemos ser el ganador, el triunfador, la persona exitosa que alcanza metas. Debemos comenzar ahora, porque si seguimos esperando y preguntándonos, nunca haremos nada.

Nuestros hijos son los que más necesitan escuchar "Creo en ti". Aconsejarlos y orientarlos les comunica que creemos en ellos. Incluso un acto sencillo como ayudarles con su tarea es un gesto de creer en ellos. Cuando mis hijos traían a casa sus reportes de notas, mi esposa y yo nunca nos abalanzamos sobre ellos respecto a una nota baja. Discutíamos por qué pudo haber bajado la nota y cómo se podía mejorar. Mostrábamos que creíamos que les podía ir mejor y los animábamos siempre a dar lo mejor de ellos. Ofrecimos refuerzo constante con nuestras acciones y frases: "Tú puedes. Creemos en ti".

También tratamos de ir a todos los juegos, obras de teatro y otras presentaciones de nuestros hijos cuando estaban estudiando. Ahora hacemos lo mismo con los eventos de nuestros nietos. Todos en las gradas animan, pero el ánimo de los padres y abuelos es lo que más significa para nuestros hijos. Saber que los animamos crea en ellos confianza y les comunica, sólo por el hecho de tomar tiempo y esforzarse por estar ahí, que creemos en ellos. "Creo en ti", ya sea respaldado por acciones, actitudes o nuestras palabras, hizo parte de su crianza.

He seguido una mentalidad similar con los miembros de los Magic de Orlando. A pesar de sus talentos y grandes éxitos como atletas profesionales, ellos siguen siendo hombres jóvenes que aprecian el apoyo y el ánimo. Como propietario de los Magic de Orlando, a menudo hablo con los jugadores y asisto a todos los juegos que puedo, mi sola presencia dice, "Creo en ti". Los animo a ser mejores cada día en cada juego. Un punto que enfatizo con ellos es que "para algunos sólo hay una noche". En cada partido ellos juegan ante personas que podrán estar en su primer juego de baloncesto de la NBA. Estos admiradores vinieron a ver una presentación de calidad y a ver a los mejores jugadores de baloncesto.

Así que queremos que nuestros jugadores se desempeñen al máximo de sus habilidades en cada juego durante toda la temporada, porque es muy probable que no tengan una segunda oportunidad de dar lo mejor de sí para la persona que puede haber venido a ver a su jugador favorito sólo una noche. Ese pensamiento se aplica a todos nosotros todos los días. Podemos tener una sola oportunidad de desempeñarnos de maneras que dejen una impresión positiva. Es probable que no tengamos una segunda oportunidad para decirle a la gente "Creo en ti" o proceder de una manera que les haga saber que son importantes para nosotros. Si perdemos esa oportunidad, no volverá.

También quiero que nuestros jugadores sepan que me importan y que creo en ellos como personas cuando no están en el campo de juego. Mi esposa y yo invitamos a los jugadores de Magic, entrenadores y personal a nuestra casa. Algunos de nuestros hijos y nietos se nos unen. Sólo invitarlos a nuestra casa con nuestra familia les hace saber que los consideramos familia y que creemos en ellos y que nos preocupamos por ellos como una familia. Los admiradores ven a los jugadores de la NBA por sus talentos en el campo de juego, por su salarios en millones de dólares, y como son presentados en los medios nacionales. Pero estos jugadores también son hombres jóvenes, algunos apenas más allá de sus años de adolescencia.

Algunos de estos jugadores de repente se hacen millonarios a la edad de veinte años, para quienes la NBA puede ser su primer empleo. Así que los aconsejo sobre la importancia de invertir y ahorrar su dinero, porque la carrera en la NBA es relativamente corta. Les hablo sobre la importancia de tener una conducta aceptable. Ellos han pasado incontables horas y días en el gimnasio desarrollando sus talentos y perfeccionando sus habilidades. Lo último que deberían hacer sería tirarlo todo con una mala conducta inconsciente. Les aconsejo que se mantengan alejados de las personas y lugares equivocados y que lleguen a casa antes de medianoche. Eso siempre logra una sonrisa. Pero les hago ver que cuando se informa sobre el mal comportamiento de un atleta profesional, usualmente el incidente sucede después de medianoche y en un sitio donde el jugador no debería haber estado.

También le mostramos a la gente que creemos en ellos cuando apoyamos sus emprendimientos y causas. Las personas que crean y construyen son quienes creen en sí mismos, pero necesitan el apoyo de otras personas que también crean para impulsar su entusiasmo y pasión, en especial frente a los pesimistas y quienes dudan. La filantropía de Helen y yo por medio de nuestra fundación es un gesto de "Creo en ti". Cuando nosotros o cualquier donante entrega una gran donación a un proyecto, ese regalo habla más alto que cualquier campaña de publicidad. Esa donación comunica a la comunidad y a otros donantes potenciales que una persona prominente cree lo suficiente en el proyecto como para apoyarlo financieramente. De repente ese proyecto u organización se ve respaldado por un gran creyente que añade validez a la causa. Y en mi experiencia, cuando Helen y yo demostramos nuestra confianza en una causa, otros donantes se unen para ayudar.

Hace más de un siglo la denominación de nuestra iglesia fundó Rehoboth, una escuela cristiana principalmente para estudiantes nativos americanos en Nuevo México. La educación en Rehoboth ayuda a los estudiantes, muchos de los cuales vienen de familias de bajos ingresos o a nivel de pobreza, a desarrollar confianza y crecer no sólo intelectualmente sino también emocional y espiritualmente. Estos son estudiantes que necesitan creer en Dios, en sí mismos y en la capacidad de alcanzar mejores vidas para sí. Helen y yo hemos sido privilegiados de estar rodeados de personas que han apoyado esta causa por muchos años. Nos sentimos honrados de asistir a la ceremonia de dedicación del nuevo centro deportivo y de entrenamiento de Rehoboth, un edificio que nosotros y muchos más donantes ayudamos a que se hiciera realidad. Fue un privilegio tener la oportunidad de mostrarles a estos estudiantes, a través de nuestra presencia allí, que creemos en ellos y demostrarles a los maestros y al personal que apoyamos en su causa.

"Creo en ti" también puede ayudar a construir una comunidad e impulsar a sus miembros hacia la grandeza. Cada vez que he podido, he procurado inspirar a la gente de mi comunidad a lograr grandes cosas al afirmarles "Creo en ti". El centro de Grand Rapids ha vuelto a nacer durante los últimos cuarenta años. Nuestra casi abandonada zona céntrica del pasado, hoy es floreciente con un nuevo horizonte y la vista de edificios que se levantan cada día. He trabajado para ser líder de la comunidad en ese esfuerzo y espero haber ayudado al decirle a estas personas que construyen comunidad "Creo en ti" para que terminen el trabajo. Cuando me piden que hable en la dedicación de un edificio, a un grupo de empresarios, o en una cena de recaudación de fondos, trato de incluir este mismo mensaje en mis palabras a la comunidad: "Creo en ti". Espero que salgan motivados para creer que pueden triunfar, que pueden tener una comunidad maravillosa y vivir en un gran estado y un gran país. Quiero que cada uno de ellos crea que él o ella pueden aportar a nuestra grandeza y que cada uno juega un papel importante.

He visto que incluso un Presidente de los Estados Unidos puede usar un poco de ánimo a veces para saber que la gente cree en él. Cuando iba a Washington durante la presidencia de Gerald Ford, llamaba a la Casa Blanca a ver si él tenía un poco de tiempo para hablar. Su secretaria de citas a menudo decía animadamente, "A él le encantaría verlo. Necesita ver a alguien de su ciudad natal y que no esté buscando que le den algo". Como Presidente de los Estados Unidos, Gerald Ford tuvo la responsabilidad de tomar grandes decisiones afectando a millones de personas. Yo hacía lo que podía con sólo pasar a visitar y reforzar que lo respaldaba y creía en él, y hacerle saber cuándo veía que en el corazón de la gente de nuestra nación estaban de acuerdo con él en asuntos trascendentales.

Aunque no tenemos el peso del mundo libre sobre nuestros hombros, todos necesitamos ser animados en nuestro trabajo diario por un jefe o compañero que crea que podemos hacer bien el trabajo. Mis empresas han empleado a miles de personas. Para triunfar ellos necesitan trabajar en una atmósfera de confianza en la gente y sus talentos. Recientemente tuvimos una reunión para el personal en el que uno de los conferencias era nuestro nuevo gerente de alimentos y bebidas. Él compartió con el personal un poco de su experiencia y cómo había tenido éxito en su carrera.

Comenzó lavando ollas y sartenes y con trabajo logró escalar hasta una de las posiciones más elevadas de su profesión. Cuando lavaba ollas y sartenes tuvo que saber que alguien creía en él y tuvo que creer en sí mismo.

Creer en quienes lavan los platos y en otros en algunas de las posiciones más bajas a menudo rinde las mejores utilidades. Creer en la gente que está en la cima de su profesión es fácil. También necesitamos creer en quienes necesitan ser estimulados. Hace muchos años, Amway compró el Sistema de Radiodifusión Mutuo. Contratamos a Larry King para que hiciera un programa de entrevistas en la noche. Larry tenía un programa regional en Florida pero había estado lejos de la radio por casi cerca de tres años. Nosotros fuimos los primeros en traerlo de vuelta a la radio. El hombre que dirigía nuestra emisora en ese entonces había trabajado con Larry King en Florida y dijo que definitivamente él era un muy buen presentador de programas de entrevistas.

Nos dijo: "Si están dispuestos a darle una oportunidad, tengo la idea de un programa de radio de toda la noche en nuestra emisora, comenzando a media noche y yendo hasta las 5:00 A.M." Así que pusimos a Larry al aire y abrimos las líneas telefónicas, siendo uno de los primeros programas en hacer eso. La gente llamaba y Larry comenzaba a hacer lo que se convirtió en su programa de insignia y estilo de entrevista.

Me sentí honrado cuando Larry me invitó a su programa. Me dijo: "Ven acá. Necesitamos a un conservador en el programa. Tengo muchos liberales aquí abajo pero no puedo lograr que vengan los conservadores. No quieren estar despiertos hasta tan tarde". Él después partió hacia lo grande, pero estuvo con nosotros por muchos años. Larry King es un gran hombre, y me siento bien de haberle dado su primera oportunidad de tener un importante programa radial de entrevistas y que creímos en él.

Creer en nosotros mismos y en otros es un elemento crítico para los asombrosos triunfos humanos que vemos todos los días y damos por hecho. Por ejemplo, sólo considera la celebración de los cincuenta años en 2007 del Puente Mackinac, que se extiende por cinco millas en los estrechos de los lagos Michigan y Huron entre las penínsulas superiores e inferiores de Michigan. Los diseñadores del puente tuvieron que creer en su diseño de este gran puente suspendido, los ingenieros tuvieron que creer que el puente soportaría fuertes vientos y toneladas de vehículos, y los trabajadores tuvieron que creer que todo el concreto que estaban vertiendo y los cables que estaban tendiendo un día se convertirían en el puente que habían visto en la mesa de dibujo. Desarrollar una actitud positiva yace en esta sola y poderosa palabra: "creer" y en sentirla con todo tu ser.

Esto es algo que escribí en *¡Believe!* en 1975 y a lo que todavía me adhiero hoy: "Creo que una de las fuerzas más poderosas del mundo es la voluntad de las personas que creen en sí mismas, que se atreven a apuntar alto, para avanzar confiadamente hacia las cosas que quieren en la vida". Así que hice que mi misión, discurso tras discurso, y en *¡Believe!*, fuera decirle a la gente "Creo en ti". Les decía que yo creía en un Dios con infinito poder que capacita a la gente para alcanzar sus sueños. Jay y yo tuvimos que superar muchos retos, y ninguno jamás nos hizo dejar de creer. Si hubiéramos escuchado a todos los pesimistas y prestado atención a las razones lógicas en nuestra contra, nunca habríamos intentado comenzar un servicio aéreo o un restaurante estilo *drive-in*, ni Amway. Imagina tu impacto en las vidas de personas a quienes les digas "Creo en ti". No sólo estás dando un halago o agradeciéndoles por un trabajo bien hecho o logros pasados. Estás diciendo que tienes fe en sus habilidades para lograr algo que no se ha hecho, así sea algo que nunca antes hayan hecho e incluso si dudan de sí mismos.

Incontables veces le he dicho a nuestros distribuidores de Amway que su misión es animar a la gente y que el primer fundamento para esa misión es creer en la gente. Cuando nos preguntaron a Jay y a mí sobre cómo llegamos a la idea de nuestra empresa y sus principios, respondimos que comenzó con la creencia fundamental que la gente es valiosa. Cuando comenzamos, la sabiduría convencional parecía ser: "Las personas no quieren trabajar, son perezosas, indiferentes; quieren vivir de la Seguridad Social o de los beneficios de desempleo". Nosotros no estábamos de acuerdo, decíamos que la gente es valiosa y quiere trabajar y progresar. Desde entonces he hecho énfasis que es casi imposible crear una empresa si crees que la gente no es buena.

Cuando Norman Vincent Peale fue animado por su profesor universitario a creer en sí mismo, dijo que el profesor también le dijo que creyera que Dios lo ayudaría. Peale dijo que salió del edificio de la universidad y bajando por un largo tramo de escaleras, en el cuarto escalón antes del final, se detuvo. Después de setenta años todavía recordaba claramente en cuál escalón estaba y su oración. "Señor", oró, "tú puedes tomar a un ebrio y hacerlo sobrio, puedes tomar a un ladrón y hacerlo una persona honesta. ¿No puedes también tomar a un pobre y confundido hombre como yo y hacerlo normal?" Dijo que ese fue el comienzo de una serie de milagros que lo convirtieron en un creyente en sí mismo y en un positivista.

La habilidad de crear una atmósfera de confianza es una destreza que necesitamos en nuestros líderes actuales. Como lo he dicho antes, aprender a ser positivo y aprender a usar frases positivas es especialmente importante para los líderes. Necesitamos más líderes que puedan expresar en qué creen e impartir sus creencias a otros que se les unan. Algunos han dicho que yo no vendo productos sino que yo te vendo *a ti a ti*. Probablemente es por eso que he visto tantas personas que han tomado la decisión de tener confianza. Comienzan con incertidumbre y les hace falta creer en sí mismos, pero con cada pequeño éxito comienzan a creer un poco más. Con el tiempo descubren talentos y destrezas que nunca supieron que tenían.

Cuando hablamos de creer, también necesitamos mencionar que debemos intentarlo. Nunca sabremos qué podemos lograr hasta que pongamos a prueba lo que creemos al intentarlo. La mayoría de cosas que he probado en la vida funcionaron porque creí en eso y me comprometí a intentarlo. En 1987, un amigo dueño de un yate me pidió que ayudara al Club de Yates de Nueva York a volver a ganar la Copa América contra Australia. Fui el co-presidente de la junta del sindicato de *América II*. (El bote fue nombrado *América II* por el *América* que había ganado la primer copa en Inglaterra en 1851). Amway también era uno de los tres patrocinadores del equipo así que yo tenía mucho en juego. No ganamos, pero en medio de la derrota yo conservé un mensaje positivo. Como le dije a los medios que me preguntaron por mi reacción:

"Si no entras a la carrera jamás ganarás. Así es como funciona la vida. Así no hayamos ganado entramos y competimos".

También di oportunidad para el éxito, al no rendirme porque yo no fui un éxito de la noche a la mañana. Creer en ti mismo no siempre significa que tengas una visión. Nosotros comenzamos Amway en un sótano. No sabíamos cómo se venderían nuestros primeros productos. No sabíamos al final cómo funcionaría nuestro plan de ventas. No comenzamos con una gran fábrica. Pero después de que algunas personas comenzaron a vender un poco y compartir la oportunidad, finalmente construimos un edificio de cien pies por cuarenta. ¡Teníamos una gran visión! ¿Pensamos que Amway iba a ser una gran empresa algún día? ¿A quién engañas? Compramos dos acres para ese edificio y pudimos comprar dos más y pensamos que nunca íbamos a necesitarlos pero que podríamos usarlos como estacionamiento.

El punto es que puedes tratar o llorar. Mi padre nunca me dejó decir "no se puede". Lo opuesto de "no se puede" es "tratar". Cuando crees en ti mismo, puedes visualizar a esa persona que tienes el potencial de llegar a ser. Puedes dedicarte totalmente a lograr tus metas cuando rompes el hábito de llorar y crees completamente en lo que puedes hacer. Luego también tendrás la confianza de inspirar a otros a creer en sí mismos. "Creo en ti" es una frase inspiradora para que la usen los líderes, para que los padres se la digan a sus hijos o nietos, para un amigo en necesidad que está pasando por un tiempo difícil, para que estudiantes la escuchen de sus maestros y para que empleados la escuchen de sus jefes.

Podemos comenzar a poner a nuestras comunidades y país en un camino positivo al tomar la decisión consciente de creer en nosotros mismos y el uno en el otro. Creo que Estados Unidos es el mejor país del mundo y que nuestro futuro depende de que todos los estadounidenses compartan esa creencia. Necesitamos creer en el trabajo que estamos haciendo o buscar otro empleo. Debemos creer que nuestra nación tiene un potencial ilimitado para alcanzar nuestros sueños y luego debemos ir tras nuestras metas.

Norman Vincent Peale tuvo una conversión en ese cuarto escalón antes del final de la escalera, la cual recordó setenta años después. Como su nueva condición lo hizo feliz, se preocupó por quienes no lo eran y decidió dedicar su vida a escribir y predicar. Se había convertido en un creyente y nunca volvió a dudar. Tú no tienes que ser Norman Vincent Peale. Sólo piensa a quién puedes darle un nuevo camino simplemente mostrándole que crees en él o ella o aprendiendo a usar la poderosa frase "Creo en ti".

5

"Estoy

orgulloso

de ti"

Como todos los abuelos, siempre me ha gustado ver a mis nietos en acción. Un día los niños están concentrados en tratar de dar su primer paso, y, antes de darnos cuenta, tienen el control de sus cuerpos en desarrollo para correr, saltar, montar en bicicleta, golpear una pelota de béisbol, sumergirse en una piscina y actuar en el escenario.

A medida que he visto el desempeño de mis nietos, para ellos ha sido normal tratar de obtener mi atención y reconocimiento. Hace muchos años en la piscina, me impactó que cada uno de ellos al saltar al agua o lanzarse por el tobogán, me llamaban, "¡Abuelo, mírame!" A medida que cada uno procuraba superar al otro, miraban hacia donde yo estaba para asegurarse de que yo estuviera mirándolos.

"¡Mírame!" Los niños anhelan que alguien a quien ellos aman los mire y les de su sonrisa de aprobación o palabras de afirmación. Y a medida que crecen, desean que sus padres y abuelos los vean obtener buenas calificaciones, practicar deportes, tocar en bandas, actuar en obras de teatro e irse a estudiar en la universidad. Seguro has notado esto en tus propios hijos y nietos. Probablemente lo más poderoso que podemos decirle a nuestros hijos después de "te amo" es "estoy orgulloso de ti".

Pero "mírame", no es sólo cosa de niños. El deseo de nuestra niñez expresado en "mírame", permanece con nosotros durante toda la vida, es una necesidad humana el ser reconocido y aceptado por quienes son más importantes para nosotros. Dicho de forma sencilla, queremos sentir que están orgullosos de nosotros. Anhelamos reconocimiento durante toda nuestra vida. Nos esforzamos para ganarnos el derecho a que estén orgullosos de nosotros. El poder del maravilloso sentimiento de orgullo por nuestros logros se multiplica muchas veces cuando otros se dan a la tarea de comunicarnos "Estoy orgulloso de ti".

Tengo la fortuna de conocer a Bill Hybels, el fundador y pastor principal de la iglesia Willow Creek, cerca de Chicago y autor de varios libros cristianos. Una agradable tarde en un bote de vela fue una buena oportunidad para que él me pusiera al día sobre toda la energía positiva y actividades que hay en su iglesia. En casa, después de nuestro recorrido en bote, me di a la tarea de escribirle una nota haciéndole saber lo orgulloso que me sentía de él. Después me dijo que conservó esa nota por semanas, ¡imagina eso! Bill es reconocido a nivel nacional por millones de personas pero una sencilla nota de ánimo que le escribí lo conmovió.

Mi esposa, Helen, en el año 2007 recibió el premio al "Logro de toda una vida" por parte de la sinfónica de Grand Rapids por sus tantos años de servicio voluntario en pro de ayudar a desarrollar una orquesta de primera clase y darle el regalo de la música a nuestra comunidad. Mis hijos y yo compramos anuncios en el programa para incluir las sencillas palabras, "Estamos orgullosos de ti". Helen no necesitaba una compensación por su trabajo con la sinfónica. Ella hizo trabajo voluntario debido a su amor por la música y por su comunidad. Pero sé que unas pocas palabras de reconocimiento por parte de su familia no tenían precio.

Detrás de mucho esfuerzo hay un simple deseo de ser reconocido como el mejor de nuestra profesión, que nuestro cargo en el trabajo tenga un nombre más atractivo, de ganar un premio o ver nuestro nombre en el papel. Todos apreciamos una palmada en la espalda, un "bien hecho". En los negocios aprendí rápidamente a apreciar el poder de reconocer los logros y cuán rápido la falta de reconocimiento de un logro puede matar el incentivo. Sólo los santos trabajan para quedar en el anonimato. Cuando aprendes a buscar las cosas positivas en las vidas de los demás, encuentras que es fácil decirles que estás orgulloso de ellos. Dios nos creó a cada uno de nosotros únicos e individuales con nuestros propios talentos y sueños. Él ha inculcado en cada uno de nosotros una conciencia de que somos especiales y estamos aquí con un propósito. El reconocimiento estimula el deseo que Dios nos ha dado para que demos lo mejor de nosotros. Eso no quiere decir que debemos ser arrogantes o no prestar atención al proverbio que dice que el orgullo viene antes de la caída. Pero gocémonos con orgullo, como lo dice la Biblia, que somos "maravillosamente hechos" y capaces de lograr cosas maravillosas.

La empresa que inicié en 1959 con Jay Van Andel fue muy sencilla. La gente podía iniciar su propio negocio Amway y obtener una ganancia con sólo vender productos a personas que conocían, e incrementar ese ingreso por medio de las ventas de personas que ellos animaran a entrar al negocio. La gente que se inscribía recibía un juego de productos y las instrucciones necesarias para comenzar. Amway es una empresa de gente y la gente necesita reconocimiento para tener éxito. Así que en nuestra empresa creamos varios niveles de logros y oportunidades para que quienes los alcanzaran fueran reconocidos en el escenario en reuniones de ventas frente a sus colegas. Integrada a nuestra empresa estaba la manera de hacer que la gente le dijera a los demás en su organización "mírame". Y la gente que los miraba y admiraba en la empresa tenía integrada una manera de decir: "Estoy orgulloso de ti".

¿Es eso poderoso? A juzgar por los miles de personas que he visto alcanzar mucho más de lo que soñaron, diría que es algo transformador. "Estoy orgulloso de ti", no sólo tiene el poder de reconocer el logro. Esa corta frase es poder concentrado, un impulso de energía para animar a la gente a hacer más de lo que creyeron posible. Esa es otra razón por la cual Jay y yo integramos el reconocimiento a nuestra empresa. De hecho trazamos el reconocimiento y las recompensas en el fundamento porque habíamos aprendido que la sola recompensa no tiene la fuerza para motivar a las personas a lograr su pleno potencial y sueños. Teníamos dos sólidos fundamentos: niveles de recompensas financieras y niveles de reconocimientos denominados por preciosas joyas como Perla, Esmeralda y Diamante. Ahora, muchas personas pueden pensar que denominar por joya es insignificante y que el gran motivador son las recompensas financieras, ir tras el dinero, comprar la casa y el carro. ¿Quién quiere trabajar duro para ganarse un broche de perla o de diamante?

Pero vimos que el estatus que daba el alcanzar el nivel de diamante era tan importante, si no más importante, para motivar a las personas hacia el logro. Los que alcanzaban el diamante en nuestra empresa tenían su fotografía publicada en nuestra revista y los reconocíamos en el escenario frente a miles de compañeros empresarios. Ese reconocimiento, el ánimo de sus compañeros, y las felicitaciones de sus líderes, transmitía de manera grandiosa el poderoso mensaje: "Estoy orgulloso de ti".

Después de escribir mi tercer libro, *Hope From My Heart: Ten Lessons for Life*, tuve la idea de usar el libro para reconocer a personas cuyas acciones le dan esperanza a otros. Cuando nuestro periódico local publicaba una historia acerca de un logro inspirador o de un voluntario haciendo la diferencia en nuestra comunidad, le enviaba a esa persona una copia del libro junto con una nota. Mi nota los felicitaba y decía que teníamos algo en común como personas que tratan de darle esperanza a los demás. Recibí muchas notas de respuesta por parte de esas personas agradeciéndome por el libro y diciendo que planeaban conservar la carta en un lugar privilegiado.

Para todas las frases de este libro quiero enfatizar que más allá de sólo decirlas, debes considerar ponerlas por escrito. Sólo toma un minuto escribir una nota. Pero es un hecho poderoso de inspiración y ánimo. He visto notas mías en los refrigeradores de las personas e incluso enmarcadas. Ese es un ejemplo del poder de decir en pocas palabras "Estoy orgulloso de ti". Poner la frase por escrito sólo añade más poder. Hace años, cuando la gente estaba adoptando el ímpetu de las comodidades digitales desde el disco compacto hasta el correo electrónico, yo decía que seguía siendo más una persona análoga que digital. Crecí con teléfonos de disco, radios llenos de tubos en lugar de chips y correo "caracol". Aprecio la velocidad y la comodidad del correo electrónico. Pero nada transmite una palabra de agradecimiento o una expresión de interés, como una nota escrita en papel, dentro de un sobre con una dirección escrita a mano y enviada por correo. ¿Recuerdas cómo te sentiste la última vez que recibiste un pequeño sobre con una dirección escrita a mano y lo abriste para encontrar adentro una tarjeta de agradecimiento o de felicitaciones? Creo que incluso el ejecutivo más importante y ocupado, cubierto a diario de correos electrónicos y otra correspondencia de negocios se detendría a abrir esa tarjeta.

Como viajo mucho he encontrado más práctico volar en aviones privados. He tenido oportunidades de llevar amigos. Barbara Bush nunca ha viajado en un avión mío sin enviar una nota de agradecimiento por escrito. Barbara es una escritora de notas. Y la estimo por eso y por las notas que escribe. Su hijo, George W., también lo hace. Hace muchos años, cuando el modelo de negocios de Amway seguía siendo ampliamente malinterpretado, fui invitado al programa de *Phil Donahue*. El señor Donahue y algunos miembros de su audiencia nos criticaban a mi empresa y a mí. Yo hice lo mejor que pude para defenderme contra un entrevistador profesional bien preparado y un grupo antagónico que me hacían preguntas en televisión nacional. Después del programa, mientras tratábamos de evaluar qué tipo de impresión había causado y qué clase de labor había hecho en favor de Amway y nuestros distribuidores, recibí una nota de Barbara Bush con un mensaje sencillo: "DeVos 10, Donahue 0". ¡Puedes imaginar cómo eso elevó mi espíritu! Ahora, ¡eso realmente comunica "Estoy orgulloso de ti" de forma contundente!

Como el poder de estas sencillas frases se magnifica cuando lo enviamos por escrito, enviarlas en una carta o nota realmente merece el esfuerzo extra. Y una nota sencilla no requiere mucho tiempo. Recomiendo conservar a la mano un suministro de tarjetas de nota en blanco o tarjetas de agradecimiento con estampillas. No tienes que ser poeta o escribir cartas extensas. Todo lo que necesitas es un sentimiento sencillo, de corazón, que quepa en una pequeña tarjeta. La próxima vez que pienses en darle gracias a esa persona, de forma especial rápida y fácil puedes poner tus pensamientos en movimiento. De esa manera te asegurarás de darle reconocimiento a quien hizo un gran trabajo o a alguien que necesite una palabra de ánimo, o a quien sólo necesita saber que alguien está pensando en él o ella. Estoy convencido de que esta, una de las inversiones más pequeñas que podemos hacer, puede generar algunos de los resultados más poderosos.

Todos necesitamos gestos de ánimo que digan "Estoy orgulloso de ti", ya sea con palabras, notas o acciones, y no importa si estamos comenzando en la vida o una empresa y tratando de fortalecer nuestra confianza o si ya hemos llegado a la cima. Siendo niños, lo necesitamos de parte de nuestros padres, como estudiantes, de nuestros maestros y entrenadores, y todavía necesitamos afirmación como adultos de parte de nuestros compañeros de trabajo y jefes.

He dado cientos de discursos. Me invitan a hablar para motivar y animar a la audiencia y me siento orgulloso y honrado por ese privilegio. En mis comienzos como conferencista después de un discurso le pedía a Helen que me dijera cómo pensaba que lo había hecho. Estaba buscando aprobación de la persona más importante en mi vida. Helen me daba la afirmación que necesitaba. Pero recuerdo momentos en esos comienzos en los que le preguntaba más de una vez respecto a mi presentación, siempre buscando más cumplidos; que Helen estuviera orgullosa de mí, significaba más para mí que una ovación de pie.

Veo que "Estoy orgulloso de ti" es especialmente animante para personas que usualmente no ganan los premios y las recompensas de la vida, quienes pueden dudar de sus habilidades y tienen dificultades para encontrar algo de qué enorgullecerse. Por eso es doblemente importante que padres y maestros encuentren formas para decir "Estoy orgulloso de ti". Puedo hablar por mi experiencia. En la escuela no fui un estudiante sobresaliente. De hecho, mi padre se rehusó a seguir pagando mis estudios en la escuela cristiana donde estudiaba porque estaba perdiendo el tiempo y no me concentraba en mis estudios. Mi maestro de latín me dio una D con la condición de que nunca volviera a tomar su clase. Posteriormente decidí esforzarme para obtener mejores notas pero nunca logre A en todas. Una vez admití esto en un discurso de graduación ante una clase de estudiantes de secundaria. Muchos de ellos eran parte de la lista de honor o habían recibido premios a nivel nacional. Más de la mitad de la clase había sido reconocida en esas ceremonias de graduación con borlas de colores colgando alrededor de su cuello como premios académicos. Muy seguramente habían escuchado "Estoy orgulloso de ti" muchas veces ese día de parte de sus padres y maestros.

Así que me pareció importante en mis observaciones concentrarme en los estudiantes sin honores. Era poco probable que esos estudiantes hubieran escuchado las poderosas palabras "Estoy orgulloso de ti" en el día de su graduación. Probablemente se sentían como si fueran sólo otro número al ver a los estudiantes de honor recibir sus premios. Los animé diciéndoles que cada miembro de la clase de graduación podía lograr grandes cosas para el Reino de Dios. Espero que mis palabras los hayan ayudado a salir de la secundaria con el pensamiento de que el mundo también era prometedor para ellos y que ellos también tenían talentos que podían ayudarlos a alcanzar sus sueños.

Esa es la clase de ánimo que los jóvenes recuerdan de por vida. Mi hijo Doug todavía recuerda unas sencillas palabras de ánimo mías que, según él, le ayudaron en la escuela básica. Un día íbamos en el auto hacia la escuela cuando él reconoció que estaba teniendo dificultades para hacer amigos. Lo animé a que fuera alegre. "A la gente le gusta estar con gente alegre", le dije. Doug recuerda que al salir del auto para ingresar a la escuela escuchó que lo llamaba y le decía "¡Ve por ellos señor Alegría!"

Doug ya es adulto, es esposo y padre de cuatro hijos, pero hasta hoy recuerda ese trayecto hasta la escuela y mis palabras de ánimo. De hecho, la tradición continúa. Una de las hijas de Doug ingresó al equipo de fútbol americano de estudiantes de primer año en su escuela secundaria, su posición era pateadora, una de las pocas niñas aceptada para jugar en un equipo de niños de secundaria. Disfruto ir a sus juegos y animarla. Seguro que necesitó mucho valor y confianza para que siendo niña intentara ingresar a un equipo de niños, seguramente eso fue inculcado por las palabras de ánimo de sus padres mientras crecía.

Helen tuvo una experiencia opuesta en su niñez. Su madre, temiendo lo peor, no le permitió montar en una bicicleta, caminar por·el campo o nadar. Su familia había pasado muchos veranos cerca del Océano Atlántico y vivían cerca del lago Michigan, teniendo así muchas oportunidades para Helen de nadar, pero su madre la mantenía cerca de la orilla. Con mi ánimo, aunque aún no es una nadadora, Helen aprendió a usar el esnórquel (con un chaleco salvavidas), y, sabiendo de su experiencia en la niñez, es maravilloso verla nadando en aguas de todo el mundo. Animar a nuestros seres queridos al expresar el orgullo que sentimos por ellos, los saca de la playa y los lleva a explorar las profundidades.

¿Pueden unas pocas y sencillas palabras lograr un impacto positivo? Encuentra una razón para decirle a tus hijos que estás orgulloso de ellos y míralo tú mismo. "Estoy orgulloso de ti" es más poderoso cuando se le dice a alguien en público, frente a personas que ellos respetan y admiran, sus padres, amigos, maestros, supervisores o colegas que estimen. Una vez tuve el privilegio de conversar durante una cena con un mundialmente conocido neurocirujano de la ciudad de New York, quien había venido a dar una conferencia en el hospital infantil Helen DeVos en Grand Rapids. Él me halagó por el hospital. "Dentro de pocos años" dijo, "tendrás la capacidad de atraer a los mejores y más brillantes médicos de todo el país". Yo le respondí: "Mire alrededor. Muchos de los mejores y más brillantes ya están aquí".

Años después, nuestro jefe de hematología pediátrica y oncología me dijo que había escuchado nuestra conversación desde la mesa del lado. Me dijo que mis palabras de orgullo habían sido como una palmada en la espalda para él. Él está orgulloso de ser miembro de un equipo de médicos tan talentosos. Y dijo que sólo haberme escuchado expresar mi orgullo por su equipo ante un colega suyo tan respetado lo había hecho sentir agradecido en lo profundo de su corazón.

Eso conmueve mi corazón. Quiero ser un animador en la vida porque desafortunadamente ya tenemos nuestra buena cuota de personas que van en la dirección opuesta: rompiendo en lugar de construir. Es por eso que tenemos que creer en el potencial ilimitado y animar a otros a hacer lo mismo. ¿Cómo sabrían ellos que pueden hacer esa pintura, dirigir esa empresa, vender ese producto, escribir ese libro, obtener ese título, conservar esa oficina, hacer un discurso, ganar ese juego, a menos que lo intenten? Sentirse cómodo diciéndole "Estoy orgulloso de ti" a cualquier persona que sobresalga en cualquier esfuerzo es sólo cuestión de tener respeto por la dignidad de todas las personas. Me han dicho que puedo relacionarme con todo el mundo, desde presidentes hasta asistentes de estacionamientos. Eso me enorgullece. Mi padre fue electricista y estuvo desempleado durante la Gran Depresión. Pero eso no significa que yo no estuviera orgulloso de él. Él trabajó muy duro para criarnos a mis hermanas y a mí y me animó a tener mi propia empresa.

Hace muchos años asistí a un simposio sobre educación vocacional con hombres que tenían títulos de doctorado y años de experiencia en aprendizaje. Escuchaba sus comentarios sobre los trabajadores desempleados y eran algo así como "Probablemente, por lo menos logremos que sea un buen carpintero" o "Bueno, seguirá siendo sólo un plomero pero..." Yo también era el conferencista esa noche. Así que tuve la oportunidad de recordarles a estos hombres que estaban mirando despectivamente desde sus torres de PhD y tratando de encontrar un nicho en la sociedad para los pobres hombres que, según su opinión, no eran tan brillantes como para ir a la universidad.

Yo no creo que alguien sea sólo un mecánico o sólo un vendedor, sólo un transportador de basura o sólo cualquier otra cosa. Todos somos seres humanos con dignidad, hechos a la imagen de Dios mismo y usando los talentos que Él nos ha dado para contribuir a la sociedad de la manera como sólo nosotros podemos hacerlo. El respeto es la clave. Y con respeto podemos decirle "Estoy orgulloso de ti" a cualquier persona por un trabajo bien hecho.

Si eres padre, tienes la gran oportunidad de decirle "Estoy orgulloso de ti" a tus hijos y una oportunidad para tener el más grande impacto en el éxito futuro de una persona. Si eres empleador, maestro o entrenador, te animo a hacer que "Estoy orgulloso de ti" sea parte de tu vocabulario diario. Creo que cada uno de nosotros fue creado para alcanzar un potencial. Tú puedes ayudar a la gente que conoces o amas a alcanzar su pleno potencial al buscar maneras cómo expresar tu orgullo por ellos.

Dentro de cada persona que conoces hay un poco de ese hijo o nieto que busca aprobación diciendo "¡Mírame" ¿Estás mirando? ¿Notas los logros, pequeños o grandes, de tus familiares, amigos, vecinos y compañeros de trabajo? Puedes ayudarlos a crecer diciéndoles, "Estoy orgulloso de ti."

6

"Gracias"

¿Recuerdas cuando eras niño y un adulto te daba un dulce o un pequeño regalo? Uno de tus padres seguramente te sugería "¿Qué se dice?" Desde luego estaban tratando de hacer que dijeras "Gracias". Si eres padre, esperas que tu hijo recuerde sus modales al decir "Gracias" cuando alguien le da un regalo y que no te avergüence al sólo tomarlo sin una palabra y salir corriendo.

Los padres responsables son firmes respecto a enseñar a su hijos a decir "Gracias". Tener la palabra "Gracias" en tu vocabulario y presente en tu mente es algo que se espera de todos los que funcionamos de manera exitosa en nuestra sociedad civilizada. Se espera que quienes atienden en los almacenes nos agradezcan por nuestras compras. Cuando un mesero trae nuestra cena, usualmente decimos "Gracias". "Gracias" es la respuesta apropiada y esperada cuando alguien nos hace un cumplido respecto a nuestro nuevo traje o por hacer un buen trabajo. De forma automática deberíamos dar las gracias cuando alguien nos hace la cena, nos lleva en su auto, o nos da un obsequio.

"Gracias" es un reconocimiento a la generosidad de la otra persona. Reconoce su amabilidad y el esfuerzo que hace al pensar en nosotros. "Gracias" comunica que apreciamos un trabajo bien hecho y el tiempo que alguien se tomó para desarrollar sus talentos para actuar frente a nosotros u ofrecernos un servicio hábil.

Cuando finalizamos el edificio de oficinas principales a nivel mundial en la Corporación Amway, tuvimos una dedicación con el diputado de los Estados Unidos Gerald Ford, el supervisor de la municipalidad, líderes empresarios locales y otros dignatarios. Pero incluso antes de esta dedicación de alto nivel tuvimos otro evento especial.

Organizamos una jornada de puertas abiertas para todos los hábiles trabajadores que lo construyeron. Todos estos trabajadores dedicados y talentosos, hombres y mujeres que hicieron los planos, erigieron las vigas de acero, pusieron los ladrillos, instalaron las ventanas, construyeron el techo, tendieron la alfombra y colgaron las cortinas, disfrutaron la fiesta que habíamos preparado y tuvieron la oportunidad de ver los resultados de su duro trabajo. En ese entonces era extraño para los obreros de construcción que tuvieran la oportunidad de ver su producto terminado. Así que los invitamos a ver el edificio finalizado y aprovechamos la oportunidad para estrechar sus manos, conversar un poco y más importante aún, dar las gracias. Y ellos lo apreciaron. Se sorprendieron un poco por la invitación a tal evento, el cual organizamos sólo para decir "Gracias".

La rareza de ese tipo de eventos habla muy fuerte respecto a la tendencia que se tiene a veces de menospreciar el darle gracias a la gente. ¿Por qué será que agradecerle a ciertas personas nunca se pasa por nuestra mente? Cuando surgen los problemas en un proyecto de construcción, somos prontos para quejarnos. Pero cuando un proyecto fluye tranquilamente y sin inconvenientes, tendemos a dar por hecho el trabajo de los obreros y su experiencia. En 2007 edificamos el hotel JW Marriot en el centro de Grand Rapids, a tiempo, sin daños, sin perder tiempo de producción y sin mayores inconvenientes. Todos los niveles de mano de obra calificada y contratistas hicieron su trabajo bien y cumplieron con sus obligaciones. Los trabajadores llegaron a tiempo cada día, trabajaron hasta el final del día, y fueron a casa con sus familias como teniendo un gran sentido de orgullo al contribuir con sus talentos especiales a tan importante proyecto. Estas son personas a las que nos aseguramos de darles reconocimiento cuando tenemos una ceremonia de dedicación. Como lo he mencionado antes, también me aseguro de reconocer el trabajo de varios miembros del personal de nuestros hoteles y centros de convenciones que fácilmente podrían ser pasados por alto pero que están ahí para repartir una cena a tiempo o dar un servicio con una sonrisa después de un largo día.

En mi empresa los empleados recibían un regalo de navidad cada año. Los empleados podían elegir un regalo de un catálogo, sólo porque eran empleados de la compañía y por ninguna otra razón fuera de que era navidad y queríamos hacerles saber que los apreciábamos. Es asombroso cómo, incluso el gesto más pequeño de agradecimiento, tiene un poder increíble para hacer que la gente se sienta necesaria y valorada. Incluso entre familiares, cuando nos volvemos muy cercanos el uno con el otro y tendemos a ser muy casuales con nuestros modales, debemos seguir acordándonos de decir "Gracias". Es un hábito que inculcamos a nuestros hijos y sigue alrededor de nuestra mesa y uno en el que insistimos para nuestros nietos.

Dar gracias y hacer gestos de agradecimiento son expresiones de nuestro amor o pensamientos amables hacia una persona. Incluso cuando damos un pequeño regalo, se hace muy cierto lo que dice el dicho: "La intención es lo que cuenta". Pero lo que es más importante es que ponemos nuestros pensamientos en acción con un gesto: una tarjeta, un regalo o cualquier expresión como "Gracias. Te aprecio. Haces un buen trabajo y ese trabajo me ayudó".

Sólo sentirse agradecido no demuestra nuestra gratitud. Muy a menudo pensamos en decir gracias pero por alguna razón no nos tomamos el tiempo para hacerlo. Desafortunadamente, esa maestra de nuestra escuela a quien apreciamos y que tanto nos agrada puede pasar todo el año escolar sin un gracias, sin saber nunca que alguien aprecia sus talentos y esfuerzos. Podemos haberlo pensado pero nunca habernos dado a la tarea de ir al salón de clases o tomar el teléfono o enviar una tarjeta o un pequeño regalo.

Una demostración de nuestra gratitud puede ser tan sencilla como decir "Gracias" o puede ser más elaborada. Cuando se hacen por la razón correcta, los gestos de agradecimientos más elaborados pueden hacer maravillas. Hace muchos años, cuando era parte de la junta directiva de la Universidad Estatal Grand Valley de nuestra comunidad, se conversó acerca de cómo recaudar más dinero para la fundación de la universidad. Di la idea que la mejor manera era honrando a la gente. Así que comenzamos a honrar a las personas por sus contribuciones para la universidad y para la comunidad. Los hicimos invitados de honor a banquetes y les otorgamos un premio, colgamos pinturas de ellos hechas por artistas en los edificios de la universidad. Eso se convirtió en una tradición para decirle "Gracias" a varias personas. Podían ser profesores destacados o miembros de la comunidad que eran importantes para la universidad. Dijimos "Gracias" al honrarlos en público. Hoy la agenda social en Grand Rapids está llena de tales eventos que honran a la gente por sus contribuciones. Tenemos cenas de gala con conferencistas prominentes como invitados que llenan salas de banquetes. Estos son recaudadores de fondos que hacen dinero para sus organizaciones y animan a más donantes a apoyar la causa, pero también honran a quienes merecen un gesto importante de gratitud.

En 1999 Jay y yo fuimos honrados al celebrar nuestros treinta años de contribuciones económicas a la revitalización del centro de Grand Rapids. El evento de recaudación de fondos se llamó "Gracias por el renacimiento, Jay and Rich", y nuestra ciudad natal nos rindió tributo por "los incansables esfuerzos y extraordinaria generosidad a dos hombres que han jugado papeles importantes en el renacimiento del distrito céntrico de Grand Rapids y de los pequeños negocios que han surgido como resultado". Durante esos treinta años nos alegró ayudar a la ciudad en la que crecimos y el tiempo voló sin que nos preocupáramos por que nos dieran las gracias. Pero estar del lado receptor de tan elaborada demostración de gratitud me ayudó a ver claramente el poder que tiene dar gracias y que te den las gracias. Debo admitir que disfruté el que me hubieran agradecido.

¡A la gente le gusta que les agradezcan y lo *necesitan*! El pozo de la amabilidad puede secarse cuando pasamos por alto el reconocer a los dadores de obsequios. Algunas personas contribuyen significativamente porque creen en una causa o por la bondad que hay en sus corazones. Se necesita relativamente poco en respuesta para agradecerles. Tiempo después estaba recaudando fondos para lo que ahora es el Edificio de Ciencias Cook DeVoss de la Universidad Estatal Grand Valley. Entablé una conversación con un caballero anciano que había conocido en el estacionamiento del edificio de salud. Estaba en sus noventa años pero se veía mucho más joven con su hermosa camisa y corbata y atractiva chaqueta deportiva. Le dije: "¡Usted se ve estupendo!"

Me encontré con él nuevamente dentro del edificio y entendí que era uno de los potenciales donantes para nuestros esfuerzos de recaudación de fondos. Así que le dije: "Usted se ve estupendo, pero en realidad yo estoy aquí para pedirle un millón de dólares. Estamos nombrando cada piso de este edificio según el donante que dé un millón de dólares y apreciaría su apoyo". Él dijo que iba a contribuir. Le dije que también tenía otra cifra en mente de la contribución necesaria para que todo el edificio llevara su nombre. Su nieto, que estaba con él, escuchó la conversación y dijo: "Abuelo, no te olvides de tus nietos". Al hablar más con él y escuchar su historia de cómo había hecho su fortuna, observé que casi nadie en la ciudad sabía de él. No sabían cómo había comenzado o cómo había construido una empresa inmensa. Decidí que debíamos hacer más que simplemente nombrar cada piso. Necesitábamos hacer más para inspirar a los estudiantes por las historias de los donantes para que conocieran a la persona detrás de los nombres. Con frecuencia los edificios de los campus son nombrados según el nombre de los donantes, pero los estudiantes no saben nada acerca de la persona detrás del nombre. La universidad tuvo la idea de tener una vitrina en cada piso con exposiciones y recuerdos en su interior que ilustraran la historia de cada donante.

Ahora los estudiantes pueden detenerse a mirar y decir: "Así que eso es lo que ese hombre hizo, y es por eso que está aquí y esa es la razón por la cual este piso lleva su nombre". Fue una manera maravillosa de decir "Gracias".

Hay toda clase de formas creativas que no necesariamente deben ser tan elaboradas cuando comienzas a pensar en cómo honrar a alguien y decir "Gracias" por su impacto en tu vida. Las cartas de agradecimiento personales y las notas nunca deben ser ignoradas, pero hay otras maneras de decir "Gracias", ya seas un empresario, un líder religioso, un padre o alguien en otra posición de liderazgo.

Puedes darle gracias a tus hijos por esforzarse en sus estudios y darles algo especial por una buena libreta de calificaciones o celebrar cuando se gradúen de la secundaria o la universidad. Un agradecimiento puede ser darles un día o un fin de semana especial. El tiempo es el regalo más valioso que un padre pueda dar. Recuerdo que solía estar muy ocupado con el desarrollo de la compañía y en una ocasión Doug, que probablemente tenía doce años en ése tiempo, me dijo: "Nunca estás en casa". Yo dije: "Si lo estoy. Estoy mucho en casa". Él dijo: "Espera un momento, voy a traer un calendario". Él tenía un calendario detrás de la puerta de un armario en la cocina con una x en todos los días en los que yo no había estado. ¡Fue muy esclarecedor! Entonces, sí, el regalo del tiempo es el regalo más valioso. El calendario de Doug me abrió los ojos ante la importancia de sólo estar en casa y hacer parte de su vida. Una manera como traté de tomar tiempo para mis hijos mientras estaba ocupado viajando fue llevarlos conmigo. Iba con uno de mis hijos en la mayoría de mis viajes al exterior. Mi hijo mayor, Dick, fue en el primer viaje a Australia, y luego cada hijo tuvo su turno para ir con nosotros en un viaje de dos a tres semanas. Sus maestros no siempre lo apreciaban, pero mi esposa y yo sentíamos que esos viajes eran maravillosas oportunidades educativas así como un gran tiempo de cercanía con nuestros hijos.

Además de agradecerles a las personas que apreciamos o que nos ha dado un servicio amable, también necesitamos adaptar nuestra actitud a una de agradecimiento. Hemos sido muy bendecidos en este país, y muy a menudo tendemos a dar por hechas nuestras bendiciones. "Te agradezco". Nunca desgastaremos esa frase. Siempre debería estar en la punta de nuestra lengua si verdaderamente estamos agradecidos con las demás personas que nos ayudan cada día y con Dios que nos ha bendecido ricamente con más abundancia y libertad que cualquier otro país en las historia. Cuando pensemos en a quién añadir a nuestra lista de agradecimientos, debemos acordarnos de dar gracias a Dios todos los días por Sus abundantes bendiciones.

A menudo somos muy lentos para dar gracias y muy prontos para quejarnos. Probablemente estamos muy concentrados en nosotros mismos y tan ocupados con nuestras vidas que olvidamos dar gracias. O probablemente sea porque en Estados Unidos nos hemos vuelto complacientes con un nivel de lujos y recreación más allá de la imaginación de la gran parte de la población mundial.

Tenemos la tendencia a dar por hechas nuestras bendiciones, como la historia de un propietario de una casa que contrató a un agente de bienes raíces para que hiciera un anuncio de venta de su casa. Cuando el propietario leyó en el periódico todos los atributos de su casa, llamó al agente de bienes raíces para decirle que ya no quería venderla. Cuando éste le preguntó por qué había cambiado de opinión, el propietario dijo: "Después de leer su anuncio, entendí que ya vivo en la casa en la que siempre quise vivir".

Como Norman Vincent Peale enseñó por muchos años, si estás preocupado por tus problemas y encuentras difícil concentrarte en lo positivo, "sal de ti mismo". Comienza a pensar en otros. A pesar de todas las bendiciones que podemos contar cada día, desafortunadamente siempre podemos encontrar algo por qué quejarnos. Si pensáramos en alguien mucho menos afortunado e incluso ayudáramos a esa persona, nos sentiríamos más agradecidos por nuestra condición. Peale creía que las personas realmente grandes viven vidas extraordinarias porque tienen el hábito de pensar en los demás y mostrarles amabilidad. Cuando hacemos un acto de bondad por otra persona podemos apreciar mejor y estar agradecidos con quienes son amables con nosotros. Por ejemplo podemos sentarnos a cenar, pensando únicamente en cómo la comida satisface nuestro apetito, o podemos detenernos a pensar en las habilidades y esfuerzos que se requieren para preparar la cena y estar agradecidos.

Hay una vieja historia sobre un grupo de granjeros que se encontraban sentados alrededor de una pequeña chimenea en el almacén del pueblo durante una tormenta de invierno cuando uno de ellos dijo: "Bueno, ¿recuerdan que en el año 1970 tuvimos esa terrible sequía y todos perdimos nuestros cultivos y todo se quemó en los campos?" Los ogros granjeros asintieron que sí recordaban. Otro granjero añadió: "¿Recuerdan en el 84 cuando todos los cultivos estaban creciendo bien y luego no tuvimos nada de lluvia y todo se quemó en el campo?" Y todos dijeron que también recordaban ese año. Todos tenían sus recuerdos de años en los que las cosas habían salido mal. Finalmente, un anciano granjero dijo: "Sí, pero no olviden el 87. Ese fue un año impresionante. Tuvimos una gran cosecha y todo salió bien. Pero le quitó mucho a nuestro suelo".

Como esa historia, a veces nos parece difícil estar verdaderamente agradecidos. Así que si tenemos hijos en edad escolar que están aprendiendo algo nuevo cada día, démosles gracias a sus maestros. Si tienes buenos recuerdos de tu niñez y te has convertido en un adulto productivo, dales gracias a tus padres. Agradece a tus abuelos por su sabiduría. Agradece a tu jefe por tu trabajo. La lista continúa.

Si te sientes seguro en tu casa, comunidad y país, agradece a tus vecinos, al oficial de policía o a un miembro del ejército. Si un sermón de domingo te anima, dale gracias a tu pastor. Si tu carga laboral es un poco reducida por una mano amiga, dale gracias a tu compañero de trabajo.

Más que decir "Gracias" adapta tu actitud cada día para ser agradecido por la abundancia de las bendiciones de Dios. Si tú y tu familia están bien de salud, tienen un techo sobre sus cabezas, alimento en la mesa, ropa cubriéndolos, y los dones del amor, la risa, y el descanso, dale gracias a Dios por Sus muchas bendiciones. Y no olvides compartir un poco de sus bendiciones con quienes tienen muchas menos bendiciones.

Creo en una actitud diaria de agradecimiento, de expresar gratitud incluso por el regalo más pequeño o consideración, de darle gracias a Dios en oración y mostrar mi gratitud al compartir Su abundancia. Creo que la gratitud es poderosa y una de las claves para una sociedad más positiva.

7

"Te necesito"

Mi propia vida una vez dependió de necesitar a otra persona. A la edad de setenta y un años necesité un trasplante de corazón para seguir viviendo. Llamamos a todos los centros de corazón en todo el país pero debido a mi edad nadie me elegía. Así que no sólo necesitaba desesperadamente de alguien, también necesitaba de "algo", un nuevo corazón. Mi necesidad finalmente la suplió una persona que accedió a tomar mi caso, el Profesor Sir Magdi Yacoub, un cirujano torácico y cardiovascular en el Hospital Harefield en Londres. Me reuní con él en Londres porque primero quería determinar si yo podría sobrevivir a una cirugía de trasplante. Me dijo: "Antes de proceder con esta operación, sabiendo lo mucho que tendrá que resistir y sufrir, debo saber si tiene la actitud mental y el espíritu para enfrentarla".

Lo que en esencia estaba preguntando era "¿Usted tiene una razón para vivir?" Helen y dos de nuestros hijos estaban conmigo, ¡él podía ver tres razones justo ahí mismo! Después de un poco más de conversación y de examinarme, accedió a recibirme como paciente. Gracias a Dios accedió, porque de verdad lo necesitaba, la única persona en el mundo que podía salvarme la vida. Afortunadamente, después de cinco meses de espera recibí mi nuevo corazón. La operación de trasplante fue otra lección para confiar en la mano de Dios sobre mi vida. Recibir un corazón a la edad de setenta y un años era imposible en los Estados Unidos y raro en Inglaterra, sólo encontrar un cirujano dispuesto a considerar mi caso era increíble.

Otro reto pudo haber sido mi extraño tipo de sangre, lo cual limitaba las probabilidades de encontrar un donante con el mismo tipo. Pero mi médico dijo que yo era afortunado de tener un extraño tipo de sangre AB, porque en ocasiones el hospital tenía corazones con ese tipo de sangre que quedaban sin uso. Sin mi extraño tipo de sangre, no habría tenido oportunidad de ser candidato para trasplante. Aún así, como era ciudadano de los Estados Unidos, el corazón del donante debía ser uno que ningún candidato a trasplante en el Reino Unido pudiera usar. Para complicar más las cosas, las pruebas demostraron que un corazón donante requeriría un ventrículo derecho más grande para que se adaptara a mis necesidades.

Mientras esperaba, debilitándome cada día más mi cardióloga de entonces, Emma Birk, encontró un donante. Una mujer en el mismo hospital necesitaba un trasplante de pulmón, y los cirujanos usualmente prefieren trasplantar los pulmones y el corazón como una unidad. El hospital había localizado un corazón y unos pulmones para la mujer de una víctima de un accidente automovilístico. Su saludable corazón iba a sobrar. *Preciosa* sobra. Aún más milagroso, su problema de pulmón había contribuido al desarrollo más que normal de su ventrículo derecho. Dios ciertamente se encarga de los detalles.

Sólo un ciego espiritual podría no ver la mano de Dios en mis circunstancias. Definitivamente sólo hay una explicación para este milagro. La gracia de Dios. Así como yo necesitaba al doctor Yacuob, alguien cuenta contigo. Alguien *te necesita*. Todos tenemos necesidad. Créelo. Y díselo a otros, tu cónyuge, tus hijos, tus empleados o compañeros de trabajo, el que recoge tu basura o a tu pastor: "Te necesito".

"En la palabra EQUIPO, no cabe el yo". Escucho eso mucho entre la gente de Amway. Amway es una empresa de "nosotros". La empresa está construida sobre el principio de éxito de cada individuo aportando para el éxito de un todo. El éxito de cada persona varía en grados dependiendo del éxito de los demás. Quienes han logrado más, son los que patrocinan a los grandes triunfadores. Así que la frase "Te necesito" es una que he usado a menudo y he visto que es poderosa para motivar a personas positivas. Todos necesitamos saber que somos necesitados. Y son pocas las personas que pueden ir por la vida sin necesitar de nadie más.

Piensa en todas las personas que necesitas o has necesitado en tu vida, tus padres, tu cónyuge, tus compañeros de equipo y de trabajo que hicieron posible que ganaras o que terminaras un trabajo, ese verdadero amigo que puede haber sido la única persona cerca durante un gran tiempo de necesidad, ese maestro o entrenador especial que te mostró el camino, un oficial de policía o un bombero en momentos de peligro, el plomero cuando se rompió la tubería, tu pastor cuando no tenías ánimo, tu vecino cuando te quedaste sin un ingrediente clave cuando estabas terminando de hacer la cena, tu agente de seguros después de un accidente automovilístico, o tu médico que te cuidó. La mayoría de nosotros pensamos poco o nada en los granjeros o incluso de dónde vienen los alimentos o en los empleados de servicios hasta cuando activamos un interruptor y no tenemos luz o no recibimos el flujo de agua que normalmente viene al abrir un grifo.

Cuando me levantaba en las mañanas de invierno y veía que las calles habían sido limpiadas, sabía que los trabajadores habían estado despiertos toda la noche para hacer que las calles fueran transitables. Cuando llegaba a nuestro aeropuerto de Grand Rapids en las noches de invierno y escuchaba una voz tranquilizadora diciéndole a nuestros pilotos: "Está despejado para que aterricen", sabía que el personal del aeropuerto estaba haciendo su trabajo. Los ataques terroristas de 9/11 nos recordaron a todos que nuestros bomberos y oficiales de policía arriesgan sus vidas para protegernos, y que habían estado haciendo ese trabajo de forma rutinaria sin que nosotros les hubiéramos dado mucha importancia.

Nuestra situación mundial actual también ha sido recordatorio de los hombres y mujeres dedicados que sirven en nuestro ejército. Ellos hacen un trabajo sobresaliente. Hace muchos años tuve el privilegio de estar a bordo del portaaviones USS Constellation en maniobras cerca de San Diego. Vi cómo la tripulación dirigía operaciones de vuelos nocturnos en ese inmenso barco y no podía creer lo que estaba viendo. Oficiales navales muy hábiles y altamente entrenados estaban desempeñando despegues y aterrizajes de precisión y en aviones de combate de decenas de millones de dólares. Estaban preparándose ante la posibilidad de que algún día ellos y sus sofisticadas aeronaves tuvieran que defender las vías marítimas esenciales para el flujo de materiales extranjeros vitales de los cuales depende nuestra nación.

Pienso en "Te necesito" cada vez que vuelo. Como piloto licenciado y alguien que viaja con frecuencia en aviones privados, estoy familiarizado con el sistema de control de tráfico aéreo que impide que los aviones choquen, en especial cuando están cruzando el Atlántico. No hay radares disponibles al cruzar el océano así que incluso los pilotos más competentes dependen completamente de nuestros controladores de tráfico. Los pilotos rutinariamente deben reportar su posición a los controladores de tráfico en determinados puntos sobre el Atlántico. Sus aviones están rodeados de otros aviones adelante, detrás y debajo de ellos. Los pilotos no pueden ver otros aviones pero como todos los pilotos están reportando sus posiciones en el momento cuando llegan al punto de chequeo, los controladores de tráfico aéreo saben la posición de cada aeronave.

Los aviones que vuelan sobre el Atlántico lo hacen por diferentes pistas, como autopistas invisibles en el cielo. Por ejemplo, cuando estás en vuelo de Nueva York a París, es probable que, sin saberlo y sin verlo, haya un avión directamente sobre ti a mil pies, otro debajo de ti, y otros adelante y detrás de ti. Cuando vuelo, a menudo un controlador de tráfico aéreo me da instrucciones para ascender a una pista más elevada o a una más baja para que un avión detrás de mí pueda pasar. Sin el control de tráfico aéreo, no habría nada que impidiera que el avión de arriba descendiera sobre ti o que el avión de atrás te alcanzara muy rápido. Todas estas maniobras se logran por los controladores de tráfico aéreo que guían cientos de aviones que dejan los Estados Unidos cada tarde y aterrizan en aeropuertos europeos en la mañana y luego los guían de vuelta.

La vida de millones de personas puede depender de las habilidades de unas pocas personas que son inmensamente indispensables. También puedes conocer personas en tu comunidad que son necesarias. Las actividades de mi comunidad son grandes recordatorios de gente que necesitamos. Por ejemplo, en el año 2000 un comité fue encargado de desarrollar un proyecto para conmemorar el milenio. La decisión fue transformar una porción de tierra de un distrito industrial en un parque que cuando estuviera terminado, su tamaño sería el doble del Central Park de New York. El parque que comenzamos, Parque Millenium, hoy tiene una playa con una casa, caminos naturales, zonas para comer al aire libre, áreas para juegos infantiles, y estanques para pescar y hacer recorridos en bote. Muchos ambiciosos planes todavía están en la mesa de dibujo para finalizarlos. Todo esto no sería posible sin la diligencia de un voluntario especial. Peter Secchia, exembajador de los Estados Unidos en Italia y un muy conocido empresario y comerciante de nuestra comunidad que se hizo cargo de este proyecto en su jubilación, promoviendo la visión, recaudando fondos, y trabajando con el gobierno y empresas para ayudar a que el sueño se hiciera realidad. Otros dos miembros prominentes de nuestra comunidad, David Frey y John Canepa, también ha dedicado su tiempo y talentos como voluntarios.

Éstos son ejemplos de la clase de personas que necesitamos. Pero considera: sin voluntarios no tendríamos quien hiciera las llamadas para recaudación de fondos, o sacara el voto para campañas políticas, no tendríamos departamentos de bomberos voluntarios, tropas de scouts, o equipos de ligas infantiles. Mira en tu comunidad y considera lo que no existiría sin voluntarios.

Necesitamos tantas personas que tenemos la tendencia a dar por hecho que contamos con ellas. Piensa en la persona que recoge la basura. Piensa en un mundo sin personas que se llevan nuestra basura. Ya he relatado esta historia antes, pero debo repetirla porque es el ejemplo perfecto de "Te necesito". Mi familia estaba en una casa de campo un verano y teníamos un excelente recolector de basura, siempre estaba a tiempo. Podías ajustar tu reloj de acuerdo a su rutina. Él no tiraba las canecas de la basura ni golpeaba las tapas. Hacía sus rondas temprano en la mañana y era respetuoso con la gente que estaba durmiendo. Una mañana yo estaba despierto a las 5:30 cuando él llegó. Le dije: "Sólo quería decirle que está haciendo un excelente trabajo y cuánto lo necesitamos aquí". Él simplemente me hizo una mirada extraña y siguió su camino.

La siguiente semana me propuse levantarme temprano nuevamente y esperarlo. Lo vi cargar mi basura en su camión. Le dije: "Usted hace un trabajo maravilloso. Solamente quería que supiera cuánto necesitamos su valioso servicio y apreciamos lo que hace". Él me miró y preguntó: "¿Está usted apenas regresando de una larga noche, o está comenzando su día muy temprano?" Le expliqué que me había levantado únicamente para poder hacerle saber cuánto valoramos el gran trabajo que estaba haciendo.

Lo vi una vez más ese verano y tuve una última oportunidad de hablar con él. Él dijo: "He estado haciendo este trabajo por doce años y hasta ahora nadie nunca había reconocido el valor de lo que estoy haciendo". ¿Por cuánto tiempo habría sobrevivido esa comunidad de casas de campo si toda la basura se hubiera dejado apilar todo el verano? Puede que no se lo digamos a las personas que recogen nuestra basura, pero los necesitamos, así como necesitamos a tantas personas de quienes muy a menudo hemos dado por hecho su trabajo. Es importante que digamos "Te necesito". Te necesito para solucionar este problema. Te necesito para que trabajes con nosotros. Te necesitamos en esta empresa. En realidad te necesitamos porque eres parte importante de nuestra comunidad. No hay nada malo con aprender a decirle a la gente que dependes de ellos. Jay y yo necesitamos compradores en nuestra empresa. Así que directamente les decimos que necesitamos sus compras, que ellos son importantes para nosotros.

Cuando miras alrededor, no hay límite en cuanto a todas las personas que necesitas, pero pocas de ellas en realidad difícilmente te escuchan decir que las necesitas. Les damos por hecho y en realidad no pensamos mucho en ellas. Nadie en una posición elevada puede decirle a alguien en una posición más baja: "No te necesito". ¿Qué tan exitosa podría ser una compañía compuesta de sólo presidentes? El presidente de una empresa no puede llegar al trabajo durante el invierno si la persona que conduce el vehículo para retirar la nieve de las calles no hace su trabajo. El baño de ejecutivos sería de poca utilidad sin los aportes del conserje. La empresa se iría rápidamente a la quiebra sin gente que fabricara los productos e hiciera el mantenimiento de las máquinas. Nuestras familias, escuelas, empresas, iglesias, comunidades, toda nuestra sociedad, se fundamentan en el hecho de que nos necesitamos mutuamente para sobrevivir. ¿Cuántos ermitaños conoces? Los solitarios son extraños y son considerados raros porque muy pocos de nosotros puede avanzar sin necesitar a otros en sus vidas. Como Barbara Streisand cantaba en *Personas*: "Las personas que necesitan otras personas son las personas más afortunadas del mundo".

"Te necesito" está integrado en nuestra sociedad. Creo que unas de las razones por las cuales nuestra economía funciona es porque a la gente le gusta ser indispensable. Tenemos un sentido de propósito cuando sabemos que cada mañana debemos abrir la tienda, entregar un producto a tiempo, o supervisar empleados. Piensa en todas las profesiones que están llenas de personas que, como parte de su motivación, quieren ser indispensables: maestros, oficiales de policía, bomberos, enfermeras y médicos.

Así que creo que todos compartimos la responsabilidad de animar a los demás reconociendo su contribución en cada oportunidad. La gente me ha preguntado: "¿En qué trabaja?" Y yo les contesto: "Soy un porrista", sólo voy por todas partes haciendo porras para los demás. Animo a la gente. Voy por todas partes y les doy una palmada en la espalda y les digo que son geniales. Amway se construyó edificando a las personas. Estábamos en una cruzada de recordarle a la gente cuán buenos son y que pueden hacer mucho más de lo que alguna vez pensaron que podían hacer.

"Te necesito", es una frase tan poderosa para personas positivas porque reconoce que cada persona ha sido creada por Dios, y Dios nos creó a cada uno de nosotros con un propósito para satisfacer una necesidad. En los Estados Unidos, cada uno de nosotros es libre para usar nuestros talentos dados por Dios para satisfacer esas necesidades y para ser indispensable. No somos sobras. Somos como parte del motor de un avión que funciona con las otras para mantener al avión en el aire; o el instrumento musical necesario para completar una orquesta; el onceavo jugador necesario para completar un equipo de fútbol triunfador.

Cuando sabemos que somos indispensables, nos sentimos mejor respecto a nosotros mismos, nos desempeñamos mejor, e incluso queremos mostrar cuán indispensables somos. Siempre he disfrutado caminar en nuestras plantas de producción en Amway. La maquinaria y las líneas de ensamblaje me asombran y me fascinan, diseñadas para mezclar ingredientes en productos domésticos, hacer cajas y botellas de forma eficiente, llenar esos contenedores con polvos o líquidos y sellar y etiquetar los contenedores para que estén listos a ser enviados a nuestros clientes. Pero me fascina más la mente humana que concibió esa maquinaria y las personas que construyeron las partes y ensamblaron las máquinas. Y me interesan más nuestros empleados que trabajan en las líneas y en las plantas y que llegan a trabajar a tiempo cada día y hacen bien sus trabajos. Un complejo de plantas de producción y oficinas de una milla de extensión zumba todos los días laborales porque miles de personas se levantan a trabajar. Eso sucede en miles de empresas en Estados Unidos y en el mundo.

La gente que camina conmigo por nuestras plantas comenta sobre la relación que tengo con nuestros empleados. Ellos observan cómo muestro interés en ellos, y puedo tener una pequeña conversación, y cómo ellos salen de la línea de ensamblaje para estrechar mi mano y con una gran sonrisa decir "Hola Rich". Creo que esta relación está construida en gran parte sobre una necesidad mutua, nosotros necesitamos que ellos realicen trabajos indispensables para nuestra empresa y ellos nos necesitan a nosotros para ganarse la vida. Les hago saber que sin ellos ni un sólo producto podría ser fabricado o entregado ese día. Nuestros distribuidores se necesitan mutuamente para construir sus negocios. He demostrado que soy consciente del valor de cada uno de ellos sin importar sus trabajos. Creo que cada uno de nosotros en la tierra es una criatura de Dios, que estamos aquí con un propósito y merecemos respeto como seres humanos.

Hace años disfruté ser el invitado al programa radial de entrevistas de Larry King que era emitido durante la noche desde Florida, lo disfruté porque estaba interesado en conocer las diferentes opiniones de las personas que llamaban de todo el país para expresar sus puntos de vista. Aunque esto fue fascinante, también desafortunadamente me expuse a una gran cantidad de personas desilusionadas, desanimadas y desalentadas. Alguien me dijo: "No conozco la diferencia entre capitalismo y comunismo. En uno eres un esclavo del estado, y en el otro eres un esclavo de los cerdos capitalistas. Todos somos esclavos de alguien". Me dolió escucharlo. Su visión de la historia era distorsionada. Él había perdido de vista los logros de generaciones de americanos libres. En ese momento pensé que su actitud reflejaba un miedo al éxito y desconfianza en el liderazgo. Ahora también creo que nunca se sintió indispensable o nadie le dijo que era apreciado. Se sentía como un esclavo en lugar de un ser humano con dignidad cuyos aportes eran reconocidos. Creo que todavía hay muchas personas que tienen la impresión equivocada de que necesitan ser esclavos en lugar de ser contribuyentes libres para una mejor sociedad y un mejor futuro. Ellos desesperadamente necesitan escuchar "Te necesito".

Cuando pienso en mis años de liderazgo sé lo importante que es para los líderes poder decir o trasmitir el mensaje "Te necesito". Cualquiera que llega a ser un líder efectivo y se gana el respeto y admiración de muchos seguidores, sabe que los necesita a ellos. Entre más ascienden algunos líderes, más pierden de vista las personas que creen dejar atrás y que ya no necesitan. Ese es un error fatal. Las organizaciones en las que las personas sienten que no son indispensables, están condenadas al fracaso o por lo menos a tener un recorrido lleno de baches de incertidumbre e insatisfacción. Ninguno de nosotros es demasiado importante o autosuficiente como para no necesitar a otras personas. ¿Por qué no crear una atmósfera más positiva en nuestros hogares, sitios de trabajo y comunidades diciéndole a los demás "Te necesito"?

8

"Confío en ti"

En una ocasión un amigo me habló acerca de la "Medalla a la confianza" que otorgaba su familia. Cuando los hijos en su familia llegan a la edad de veintiún años, se hacen elegibles para esta medalla a la confianza. Para ganarla se requiere que tengan una relación buena y digna de confianza con su familia y la comunidad. Deben ganarse la confianza de sus padres al vivir según reglas y valores, y mantenerse lejos de los problemas. Ellos se ganan la confianza de sus padres quienes en respuesta a eso premian a sus hijos con su confianza. Cuando la familia se reúne para el cumpleaños número veintiuno de los chicos, presentan la medalla de la confianza y celebran el logro. Esa es una muy buena idea, pensé, demostrar cómo la familia se puede apoyar mutuamente para ser confiables y mostrar cuánto valoran la confianza en sus relaciones.

"Confío en ti" es otra frase muy importante y poderosa para las personas positivas. El éxito de nuestra sociedad depende de confiar en que alguien hará un buen trabajo, confiar que los demás serán honestos, confiar en que la gente cumplirá sus promesas. Necesitamos la confianza entre compañeros de trabajo y al interior de nuestras familias. Confiamos en nuestros hijos y ellos confían en nosotros. Muchos de nosotros recibimos grandes responsabilidades que se fundamentan en la confianza. Si lo piensas detenidamente, la mayoría de lo que hacemos en la vida, conducir en el tráfico, trabajar, recibir un pago cada semana por hacer bien y correctamente nuestros trabajos, hacer compras ir al banco, las relaciones de familia y de pareja, incluso llevarse bien con nuestros vecinos, se basa en grados variables de confianza. Enfrentémoslo. Ninguno de nosotros quiere tratar con una persona que no sea confiable. Y ciertamente no querríamos seguir a un líder que no sea confiable.

La confianza es una cualidad clave del liderazgo. Para ser un líder valioso, debes ser digno de confianza. El liderazgo no sólo comienza con nuestra propia vida sino principalmente en casa, donde el liderazgo de la familia necesita que un miembro sea digno de confianza y digno de ser seguido. Cada padre está en una posición de liderazgo. Nuestros hijos necesitan saber que pueden confiar en nosotros, que lo que decimos es verdad, y que llevamos nuestra vida por el camino correcto. Necesitamos confiar que nuestro jefe está dirigiendo la compañía de forma ética, con buenas prácticas de negocios y tratando a cada empleado de forma justa; si no podemos confiar en nuestros líderes en el gobierno, nuestro sistema democrático está en peligro.

Cuando tienes cualidades dignas de confianza, la gente quiere ser como tú, quieren ser tus amigos, seguirte, hacer negocios contigo o aliarse contigo. Cuando consideras el tipo de persona con quien quieres asociarte en cualquier tipo de relación, una cualidad que seguramente buscarás será la confiabilidad.

He fundamentado todas mis relaciones en la confianza. Todos los edificios de Amway, desde la primera y más pequeña planta de producción hasta todas las otras estructuras en nuestro complejo de una milla, los hemos construido con sólo un apretón de manos. El Hotel Amway Gran Plaza fue construido con un apretón de manos, nunca tuvimos un contrato. Dan Vos, nuestro contratista al comienzo nos daba un plan con un costo estimado, y Jay y yo decíamos: "Bien, hagámoslo". Cuando el trabajo estaba terminado, Dan sumaba todas sus facturas y decía: "Este es el costo y este es mi 10 por ciento". Sólo tomaba el 10 por ciento del total como su utilidad. Comenzamos con un pequeño edificio, así que no había mucho en juego. Pero Dan se mostró digno de confianza, y seguimos con el mismo acuerdo para los edificios grandes.

Desafortunadamente no toda la gente es digna de confianza como Dan. Todos siempre tendremos que tratar con aquellas personas cuya palabra no significa nada y que tratan de manipular el sistema para su propia ganancia. Como consecuencia de la desconfianza nos volvemos más recelosos con los extraños. Algunos bancos o almacenes piden por lo menos dos identificaciones para cambiar un cheque y deben guardarse contra el robo de identidad, y nos piden que nos retiremos los zapatos antes de pasar por la reforzada seguridad aeroportuaria para guardarnos contra el terrorismo. Aun así, los cheques malos y las amenazas contra la seguridad son rarezas cuando consideras cuantas transacciones de negocios se realizan cada día. Afortunadamente nuestra sociedad y economía siguen operando porque la mayoría de nosotros está de acuerdo con ser dignos de confianza.

En mi alianza con Jay, nuestra confianza fue algo en lo que cualquiera de los dos podía tomar una decisión, sin importar el costo y el otro la aceptaría. Se entendía implícitamente que los dos estábamos comprometidos con lo que el otro decidiera. Jay diría: "Bueno, si Rich hizo ese compromiso, está bien para mí". O yo diría: "Bien, todo está bien.

Lo que sea que diga Jay, va. Si él está acá solo, y yo no estoy aquí, entonces él toma las decisiones".

La confianza se desarrolla por medio de la experiencia. Mi confianza con Jay se estableció desde el comienzo de nuestra amistad. Habíamos hablado de iniciar una empresa desde que estábamos en secundaria. La única pregunta era: "¿Qué clase de empresa?" De hecho, yo todavía estaba sirviendo en el ejército en el exterior justo después de la Segunda Guerra Mundial cuando Jay comenzó nuestra empresa de aviación. Él volvió a casa antes que yo después de la guerra y estaba buscando comenzar una escuela de aviación porque estábamos convencidos de que la aviación iba a ser algo grande después de la Segunda Guerra Mundial. Con tantos aviones y pilotos en la guerra, imaginamos que todos iban a tener un avión en su patio. Eso nunca sucedió, pero la industria de la aviación sí se convirtió en algo grande en formas que nunca habríamos imaginado.

Yo aún estaba en las islas Marianas cuando Jay me envió una carta diciendo que estaba conversando con un hombre que iba a construir un nuevo aeropuerto en el extremo norte de la ciudad en una pequeña comunidad, un vecindario aeropuerto, por así decirlo. Él dijo que el dueño del aeropuerto estaba buscando inversionistas que lo ayudaran a operar el aeropuerto, dar lecciones de vuelo y ofrecer otros servicios de vuelos. Así que le dije a mi padre que le diera a Jay todo el dinero que tenía, lo que había logrado ahorrar de mi pago mensual de sesenta dólares en la fuerza aérea, lo cual eran setecientos dólares. Entregar mis ahorros de toda la vida sin hacer ninguna pregunta en esencia era decirle a mi amigo Jay: "Confío en ti".

La confianza es esencial en una amistad, pero también necesitamos confiar en comunidad. Sólo piensa en cómo funciona toda nuestra sociedad basada en la confianza. En una sociedad sin confianza, los negocios casi no funcionarían porque los contratos no tendrían valor. El tráfico no se movería debido a la desconfianza a que los otros autos se pasaran la luz roja. Los padres no permitirían que sus hijos fueran a la escuela por desconfianza en sus profesores. Nuestras ciudades y pueblos no tendrían estabilidad sin asumir un nivel básico de confianza.

Los negocios, las sociedades e incluso nuestra comunidad mundial, requieren confianza para que funcionen. Cuando los países dejan de cooperar entre sí, o dejan de construir relaciones, el obstáculo generalmente es una falta de confianza. Sus políticos son deshonestos. No pueden confrontarse entre sí, mirarse a los ojos y comprometerse a hallar una solución.

Durante la Guerra Fría, lo mejor que pudo hacer Ronald Reagan al tratar con la Unión Soviética fue una política de "Confía pero verifica". Tuvimos que verificar las capacidades de armamento de los soviéticos porque no podíamos confiar en lo que decían en reuniones cumbre o en la mesa de negociación. Sin confianza las ruedas se caen y los trenes no pueden correr a tiempo en ninguna organización, sociedad o relación, ya sea entre cónyuges, en una iglesia, o en la escuela. Si no puedes confiar en que un maestro llegue a diario o que califique honestamente sin darles notas más elevadas a los favoritos, la confianza se rompe. Si no podemos confiar en quienes tienen autoridad o en quienes tienen grandes responsabilidades, desde los oficiales de policía hasta el Presidente de los Estados Unidos, perdemos el pegamento que mantiene unida a nuestra sociedad.

Incluso en una sociedad digna de confianza, podemos permanecer escépticos de las palabras de otra persona porque hemos sido cargados con publicidad falsa o promesas rotas o personas en quienes no se puede confiar. Así que hemos añadido garantías, sistemas de respaldo que son frases o gestos para hacerles saber a los demás que somos fieles a nuestra palabra. Nos aseguramos de estrechar manos, o "juramos por Dios o que muramos" si no estamos diciendo la verdad o ponemos la mano sobre una torre de Biblias o firmamos contratos. Pero la Biblia nos dice que seamos dignos de confianza con sólo hacer que nuestro sí signifique sí y nuestro no signifique no, sin necesidad de adornos. Nuestra sola palabra debería ser suficiente en una sociedad digna de confianza.

Con negocios en todo el mundo tratando con millones de personas, simplemente he tenido que acoger el hecho de que casi todas las personas son dignas de confianza y que necesito poner mi confianza en la gente. Pongo mi confianza en extraños al otro lado del mundo. Llenamos un contenedor de transporte con productos de Amway producidos en nuestras plantas en Ada, Michigan y ponemos el contenedor en un camión o tren para ser llevado a la costa oeste, donde es cargado en un barco que se dirige hacia Tokyo. Desde allá el envío es redistribuido por toda Asia, o algunos de los productos pueden ser cargados a bordo de otras embarcaciones rumbo a Sídney, Australia. Esos productos son ordenados y enviados a nuestros distribuidores en toda Australia. Sería difícil dormir si no pudiera depositar mi confianza en las personas para asegurar que todos estos productos son entregados a las personas indicadas y a tiempo.

La confianza quiere decir que entregamos como se prometió. Al comienzo de esta empresa aprendí que el éxito depende de ese principio sencillo. Nuestro primer producto Amway, al que llamamos L.O.C. (Limpiador Orgánico Líquido, por su sigla en inglés), lo produjo un fabricante novato en Detroit. Ésa fue la primera compañía con la que hicimos negocios y el propietario demostró ser completamente desconfiable. No podía fabricar un producto consistente. Primero nos vendió productos con tapas rojas, pero una siguiente orden llegó con tapas amarillas y las siguientes, azules. A veces el líquido era claro y otras veces amarillo. Debía dinero de tratos de negocios pasados, así que cualquier cosa que le pagábamos, la usaba para pagar deudas y luego no tenía dinero para comprar las materias primas que necesitaba para hacer más productos.

A veces recibíamos botellas que compraba de otro proveedor con etiquetas de otros productos debajo de nuestras etiquetas. ¡Una vez recibimos un envío en el que nuestras etiquetas se habían caído, revelando que habían sido puestas sobre botellas hechas para un limpiador de retretes! Como él no era confiable, encontramos a otro proveedor que dijo que podía fabricar el mismo tipo de producto. Pero el proveedor inicial, diciendo que habíamos robado su fórmula, nos demandó por un cuarto de millón de dólares. ¡Jay y yo nos reímos bastante ante el hecho de que él asumiera que nosotros, o nuestra pequeña empresa, valiera tanto! Aprendimos un par de lecciones importantes. Necesitábamos personas en quienes pudiéramos confiar para hacer un producto con calidad consistente y una entrega confiable. Y supimos que los productos no se venden solos y que nuestro negocio tenía éxito al construir relaciones con los demás y ganando su confianza. Amway hoy fabrica cientos de productos. Somos estrictos en cuando a un nivel de control de calidad que nos permita venderlos todos con una satisfacción garantizada. Y todos nuestros productos son vendidos de amigo a amigo, familiar a familiar. La gente compra de personas en quienes pueden confiar.

La confianza se fundamenta en la Regla de Oro, confiar en que la gente nos tratará como quisieran ser tratados, no sólo nos afirma sino que nos anima a ser dignos de confianza. Estoy orgulloso de que nuestro plan de negocios nunca haya decrecido. Año tras año, por cincuenta años, la gente en la empresa Amway ha sido recompensada de acuerdo con su plan de negocios fundamentado en las ventas de sus productos y las ventas de productos hechas por otras personas que ellos impulsan a ingresar al negocio. Si alguien patrocina a una persona a ingresar al negocio de Amway, esta persona sigue en la línea de patrocinio del patrocinador. Eso es confianza, esa es una responsabilidad que tienen. Incluso después que la persona fallece, seguimos pagándole a sus descendientes la participación de utilidades generada por su negocio con Amway.

Puedes apreciar lo que significa cuando alguien te otorga honor al decirte "Confío en ti". Confío en que finalizarás el trabajo así yo no esté aquí mirando sobre tu hombro. Confío en ti con esta gran responsabilidad. Confío en que te encontrarás conmigo cuando dices que lo harás. Confío en que pagarás ese préstamo. Confío en ti con las llaves del auto.

Para tener la influencia más positiva al hablar con alguien en quien confiamos, debemos proteger nuestra propia reputación siendo dignos de confianza. La confianza puede perderse rápidamente cuando no entregamos según lo prometido o retiramos lo que hemos dicho. La confianza perdida es difícil de recuperar. Esto es especialmente cierto con los niños. Cuando le digas a tus hijos que vas a hacer algo para ellos, asegúrate de hacerlo. Eso es lo que les genera confianza. Si no puedes hacer lo que dijiste, comunícaselo con honestidad, de esa manera no los estás engañando. Así duela, necesitamos aprender a ser completamente confiables para nuestros hijos.

Cuando era niño, mis padres a menudo decían: "Tú sabes que no podemos pagar eso", cuando pedía algo. Esa era una respuesta fácil y verdadera. Una respuesta honesta es importante para que la gente pueda confiar en lo que decimos. Debemos ser honestos con ellos todo el tiempo, sin importar cuál sea nuestra respuesta. Necesitamos pensar en nuestras respuestas respecto a lo que podemos o no podemos hacer, sobre qué haremos o no. Si le hablas con honestidad a la gente, siempre tendrás su confianza.

Ganamos la confianza al ser dignos de confianza, pero seguramente has conocido a personas que han demostrado ser desconfiables. Probablemente algunas personas con quienes has hecho negocios habrán hecho algo de trampa, no han dado todos los detalles de una orden, o han comenzado a hacer un trabajo descuidado debido a que se han sentido cómodos al tenerte como un cliente estable. Personas como estas traicionan tu confianza. He navegado mucho en mi vida y compararía los peligros de perder la confianza en nuestra sociedad con lo que es perder la confianza en un bote de vela. Navegar es un deporte de trabajo en equipo y puede ser peligroso. Un gran bote de vela tiene una cantidad de partes movibles y muchas cosas que pueden salir mal y lastimar a las personas cuando los vientos y las tormentas soplan.

Recientemente hablé con un joven que había competido con nosotros. Él es un arquero, es el miembro del equipo que siempre debe estar listo para ir hacia arriba para desenredar una cuerda o arreglar una vela atascada. Él enfrenta la posibilidad de un golpe de una cuerda que de repente puede sacarlo volando por encima del mástil o hacerlo caer a cubierta. Recientemente compartió una historia en la que él comenzó a balancearse descontroladamente en una cuerda que lo unía a la punta del mástil. El bote se mecía en medio de una tormenta y caían rayos. En la cima del mástil él estaba tratando de liberar una vela que estaba atascada, cuando de repente se giró sobre su arnés y se golpeó quedando inconsciente. Cada vez que el bote se mecía él se balanceaba y chocaba contra el mástil. Para cuando el resto de la tripulación pudo liberarlo y bajarlo, él había recibido muchos golpes y estaba inconsciente. Navegando a sólo siete u ocho nudos, el bote estaba a horas de distancia del puerto. Finalmente pudieron llevarlo a uno hospital y él se recuperó. Pero el punto es que navegar, como la vida, tiene sus peligros, y debemos confiar en la ayuda de otros para hacer lo que no podemos hacer.

Debes confiar en tus compañeros de tripulación en un bote de vela. Las cuerdas pueden reventarse y las cosas pueden salir volando. Un cabrestante puede ser peligroso si la persona que lo opera no actúa lo suficientemente rápido. Navegar definitivamente es un deporte de equipo que requiere mucha coordinación. Como en la vida, no se da sin peligros, especialmente cuando es dura, navegar es trabajar en equipo, y debe haber confianza entre el timonel y el capitán, quien ordena los cambios y el navegante abajo y la tripulación en cubierta, que constantemente están halando y ajustando velas y enderezando cuerdas dobladas. Cada uno debe confiar en que el otro hará bien su trabajo porque el más leve error puede significarlo todo, desde la pérdida de un dedo hasta la caída de un hombre al agua. La vida es un trabajo de equipo. Como en la navegación, donde hay confianza entre el capitán y el navegante y toda la tripulación en donde cada uno hace el trabajo que le corresponde, así también en la vida. Necesitamos confiar en quienes saben más que nosotros. La vida puede ser peligrosa. Necesitamos confiar en que los demás harán sus trabajos y no actuarán de formas dañinas para el resto de nosotros.

En el equipo de los Magic de Orlando la confianza se reduce a desinterés. Cada jugador quiere aumentar sus propios records y puntos anotados, pero compartir la bola es la clave para que el equipo logre esto. El jugador que no tiene un lanzamiento claro debe pasar la bola, así desee hacer el lanzamiento. Además de pasar la bola, los jugadores también deben ser desinteresados al hacer su trabajo en ambos extremos del campo. El baloncesto es extenuante, con jugadores corriendo constantemente de un lado al otro en el campo y cambiando rápidamente de ofensiva a defensiva. Jugar en defensiva es especialmente extenuante. Las piernas de los jugadores se cansan y empiezan a perder lanzamientos. Pierden su ritmo por lanzar. Los jugadores necesitan esa respuesta instantánea para cambiar de ser defensa a lanzador. Se necesita mucha habilidad física y disciplina mental para cambiar de ofensiva a defensiva y volver, pero eso es lo que se necesita para hacer un equipo a partir de un grupo de individuos. Confianza quiere decir desinterés, hacer lo que es mejor para todos así haya oportunidad para mejorar yo mismo. Necesitamos la disciplina para desempeñar todo lo que se necesita de un equipo.

"Confío en ti": decir esta poderosa frase ayuda a fortalecer relaciones entre personas que dependen entre sí. Necesitamos la confianza como nuestro contrato personal no escrito en nuestras familias, matrimonios, lugares de trabajo y comunidades. Necesitamos decir "Confío en ti" como muestra de la confianza que tenemos en las personas con quienes compartimos un lazo especial en relaciones de apoyo. Como una tripulación de navegación o un equipo de baloncesto, nuestra sociedad funciona basada en la confianza. Dependemos los unos de los otros como lo hacen los compañeros de equipo. Decirle a alguien "Confío en ti" comunica un mensaje especial. Todavía espero cada oportunidad para decirles a mis hijos y nietos o a un amigo o asociado: "Confío en ti".

9

"Te respeto"

Mi padre, Simón, siempre tuvo una buena reputación. Todos amaban a Simón. Estoy seguro que era apreciado porque él también apreciaba y respetaba a los demás. Una de las lecciones más valiosas que me enseñó fue que cada persona tiene valor y dones de alguna forma. Sin importar qué o quiénes sean, o qué hagan, todos son importantes para alguien. Por lo tanto, aprendemos a respetarlos. Ganas respeto mostrando respeto. Usar las frases de este libro realmente tiene que ver con mostrar respeto por todas las personas que conocemos. Cuando comenzamos a buscar lo positivo en todos y buscamos cualidades que respetamos en ellos, el mostrar respeto se convierte en un hábito. Mientras que otras frases en este libro son poderosas cuando son verbalizadas, el respeto es un poco más complejo. Decir las palabras "Te respeto" es muy poderoso pero el respeto realmente debe ganarse y demostrarse. El respeto es recíproco. Si quieres ser respetado, debes respetar a otros. Las personas saben cuando las valoras y las respetas y cuando no. Es difícil esconder el irrespeto, y las personas pueden sentir tu actitud casi de forma instintiva.

Tuve un amigo que siempre ordenaba sus billetes según su valor y cuidadosamente doblaba su dinero en su billetera. Finalmente le pregunté por qué persistía en esa meticulosa rutina. Él dijo: "Respeto el dinero, así que lo trato con respeto". ¡Si tan sólo ganarse y mostrar respeto en las relaciones humanas fuera así de fácil! La gente automáticamente respeta el dinero, pero todos tenemos que esforzarnos por ganar y mostrar respeto a los demás.

Se ha dicho que hay dos tipos de personas, aquellas que entran a un recinto y dicen "¡Aquí estoy!", y quienes entran y dicen "Ah, ¡ahí estás!" Debemos ser del segundo tipo. Ganar y mostrar respeto comienza con escuchar a los demás. Todos han logrado algo en su vida. Si le haces algunas preguntas a alguien y conoces un poco de esa persona, descubrirás razones por las cuales decir "Te respeto". Algunas personas a veces me preguntan antes de ir a un almuerzo o a cualquier otro evento: "¿De qué debería hablar?" Yo les recomiendo que hagan preguntas. La conversación es muy fácil cuando sólo haces preguntas. La gente me ha comentado que parezco tener muy buenas conversaciones en eventos sociales. Cuando considero mis conversaciones, entiendo que casi nunca opino sino que hago muchas preguntas. Por ejemplo, en una ocasión estuve charlando con una de mis sobrinas en una reunión familiar y comencé la conversación con unas sencillas preguntas: "¿Cómo están tus hijos? ¿No hay uno de ellos que ya está terminando la secundaria?" Eso fue su inicio para que me hablara de cómo su hijo se había graduado como el tercero de una clase de seiscientos estudiantes y cuatro universidades importantes le habían ofrecido becas. ¡Vaya, puedo respetar ese logro! Cuando su hijo se me acercó más tarde, yo sabía de sus logros y pude decir: "¡Felicitaciones! ¡Te respeto!"

Cuando mi hijo Dick, fue candidato a gobernador, le aconsejaron que debería aprender la presentación y el saludo de un minuto. Los candidatos deben estrechar tantas manos como sea posible durante una campaña. Eso exige saludar a cada persona y pasar no más de un minuto con ella antes de ir a la siguiente persona. Eso no era natural para Dick, quien estaba acostumbrado a hablar con la gente, hacer preguntas, escuchar y mirarlos a los ojos. Le enseñaron a respetar a las personas, sin importar quiénes fueran. Su inclinación natural no le habría ayudado mucho en una campaña, pero creo que aun así ganó reputación como un hombre que respeta a las personas porque escucha. El respeto llega a ser parte de tu naturaleza cuando muestras interés en las personas y escuchas. Pronto ganas la reputación en tu comunidad como alguien que respeta a los demás.

Descubrir razones para respetar a los demás en realidad es fácil, porque a todo el mundo le gusta hablar de sí mismo. Nunca habrá pausas en una conversación si sólo les preguntas a los demás sobre sus vidas. De hecho, algunas personas nunca se cansan de hablar de aquello que piensan y lo que hacen. Hay una historia acerca de un hombre que hablaba y hablaba de sí mismo. Al final dijo: "Pero, suficiente sobre mí. Ahora dime, ¿qué piensas de mí?" La mayoría de personas que conocemos son un poco más reservadas, pero animarlas a hablar de sí mismas es poderoso. El sólo hecho de que nos pregunten qué hacemos o cuál es nuestra opinión, es un gran cumplido. Muchas veces en la conversación, la gente no puede esperar a compartir sus experiencias o dar su opinión. Así es la naturaleza humana. Queremos ser respetados, amados y apreciados. Si ese es el caso, entonces deberíamos buscar virtudes y logros que podemos respetar en una persona. Entonces podemos decir "¡Eso es genial! ¡Te respeto por eso!" Con tantas personas tratando de ganarse el respeto, es importante que tú y yo lo mostremos.

Mostrar interés en todas las personas que conocemos es una de las formas más elevadas de respeto. Will Rogers una vez dijo: "Nunca conocí a un hombre que no me agradara". Esa afirmación puede ser difícil de creer para la persona típica que puede estar sufriendo con un compañero de trabajo difícil, no se lleva bien con el vecino del lado o simplemente se encuentra con otras personas con quienes es imposible crear un vínculo. Creo que Will Rogers era el tipo de persona que mostraba suficiente interés en cada persona que conocía, como para descubrir algo que le agradara de ella. Puede haber uno o dos casos en los que no pude hallar mucho, o algo, que respetar en una persona, pero eso fue más porque no tuve una amplia oportunidad para hablarle.

Pero realmente puedo decir que las personas siempre me han fascinado y tengo un amor genuino por ellas. Incluso inventé un pequeño juego que me ayuda a aprender más acerca de las personas que ya conozco pero que no he podido llegar a conocer mejor. El juego se llama "¡Tú estás en la caja!" Cuando nos reunimos con familiares o amigos elegimos a una persona para estar "en la caja". Si es tu turno, nos cuentas la historia de tu vida, y nosotros te hacemos preguntas. He encontrado que el juego funciona muy bien a bordo de un bote cuando todos están relajados después de un día en el agua y no tienen a donde huir si son renuentes a hablar de sí mismos. Es asombroso descubrir cuán poco sabemos el uno del otro, a menudo incluso de nuestros mejores amigos. Podemos aprender mucho sólo con escuchar, no aprendo la historia de vida de todas las personas que conozco, pero la gente a menudo observa cómo parezco disfrutar al detenerme a conocer una variedad de personas y conocer algo de ellas. Me enriquece conocer así sea un poco acerca de alguien que me sirve en un restaurante o tiene su bote al lado del mío, o se sienta junto a mí en una sala de espera.

Necesitamos interesarnos en la gente y escucharla, pero mostrar y ganar respeto también puede ser tan sencillo como recordar nombres y rostros. Cuando las personas nos reconocen por nombre, en especial cuando es alguien importante que recuerda nuestro nombre, nos sentimos respetados. Respeto al presidente George H. W. Bush. Cuando yo ingresaba a la habitación en la que él se encontraba, él decía "Hola Rich". No tenía que decir "Te respeto", porque en el gran y salvaje mundo de Washington D.C. y los miles de personas que él conoce, él lo demostraba al recordar mi nombre. Aprender a llamar a las personas por su nombre muestra nuestro respeto por ellas. Muchos no prestan ninguna atención a los nombres pero creo que es esencial para construir relaciones. Si me dirijo a un evento y no conozco los nombres de las personas, me siento un poco torpe. Incluso reviso la lista de invitados que no he visto por un tiempo como un recordatorio de nombres antes de asistir a eventos grandes. El sólo hábito de recordar nombres y caras muestra respeto. Cuando camino por una planta de Amway y la gente grita "Hola Rich", creo que esa amigable atmósfera se construyó debido a mi insistencia en conocer los nombres de esos empleados.

Cuando muestro respeto a aquellos que son parte de mi vida, ¿qué obtengo? Respeto. Mostrar respeto comienza con sólo olvidarnos de nosotros mismos por un momento y ser conscientes de la otra persona. He practicado este tipo de respeto por muchos años en Amway con nuestras reuniones de empleados. Respetamos las opiniones y habilidades de nuestros empleados por que primero los respetamos como personas. Sentimos que ellos deberían tener la oportunidad de expresarse en frente de nosotros y ofrecer sus perspectivas y sugerencias. Ellos llegaron a conocerme y yo llegué a conocerlos al hacer preguntas y escuchar. Ellos llegaron a ver que yo no era una persona tan mala y que quería tratarlos de manera justa. Así es como se construyó el respeto. Un buzón de sugerencias es una maravillosa muestra de respeto. Si ignoramos a las personas porque nuestra cabeza está muy elevada en las nubes (o nuestra nariz está muy arriba en el aire) estamos cometiendo un gran error. Si en realidad queremos ser importantes, le prestaremos atención a los demás y le mostraremos respeto a todos. Así es como realmente uno se hace importante.

El verdadero respeto no conoce de barreras sociales o económicas. Debe ofrecerse a cualquiera en cualquier condición. En los primeros días de Amway tuvimos un empleado que hacía todo el trabajo de jardinería y limpieza de la nieve. Una vez le dije: "Harry, siempre haces un muy buen trabajo. ¿Por qué no te postulas para ascender dentro de la compañía?" Él dijo: "No, me gusta el trabajo que tengo y sólo quiero seguir aquí afuera haciendo lo que estoy haciendo. No se preocupe por mí, no trate de promoverme". Él sólo pudo decir eso porque se sentía valioso en su trabajo y sabía que era respetado. Con frecuencia le daba cumplidos respecto al gran trabajo que hacía para que supiera que era respetado y apreciado.

También recuerdo uno de nuestros conductores de camión cuyas habilidades de conducción respetábamos tanto que lo promovimos a dirigir nuestra flota de camiones. Un año después dijo: "Sáquenme de este cargo, no es para mí, quiero estar detrás del volante nuevamente". Él tenía suficiente autorrespeto para entender y decir qué le gustaba y qué no. No disfrutaba supervisar a los demás. ¡Él disfrutaba conducir camiones¡ Se sentía respetado haciendo un trabajo que era importante para el éxito de la empresa. Estaba cómodo en un entorno en el cual el respeto no se basaba en una posición o título.

Cuando consideramos que cada persona ha sido creada a la imagen de Dios con un propósito en la vida, dignificamos a las personas al tratarlas como nosotros mismos quisiéramos ser tratados. Dios tiene un trabajo para todos. Todos tienen un papel en la vida. Debemos respetar a todos en lugar de comparar nuestros talentos y ocupaciones con los de ellos. Cuando entramos en discusiones sobre "nosotros somos mejores que ustedes", o "yo soy más fuerte que tú", mostramos irrespeto. Cuando ignoramos o clasificamos a las personas, les quitamos su dignidad y personalidad. Los degradamos y rechazamos según nuestros prejuicios. Es inútil vivir comparándonos con otros. Siempre tendremos personas más adelante de nosotros y también detrás. Jugar el juego de la comparación puede ser parte de nuestro espíritu competitivo, pero es un juego malo e irrespetuoso.

El verdadero respeto debería mostrarse sin importar las diferencias políticas, religiosas o de trasfondo. Podemos proceder de diferentes trasfondos o tener diferentes puntos de vista pero aun así respetarnos mutuamente. Nuestros partidos políticos en el pasado respetaban mucho más los puntos de vista del otro de como lo hacen hoy. Los republicanos y demócratas solían reunirse por una causa mayor.

Podían discutir sobre asuntos internos, pero estaban de acuerdo con respecto a relaciones exteriores. Arthur Vandenberg, quien fue senador de Michigan desde 1928 hasta 1951 y proveniente de Grand Rapids, fue bien conocido por su habilidad para lograr que ambas partes se reunieran de manera respetuosa y lograr que las cosas se hicieran. Tip O'Neill, vocero de la cámara de representantes de los Estados Unidos desde 1977 hasta 1987, también era un maestro en eso. Podía hacer que personas que no estaban de acuerdo en un asunto, por lo menos se respetaran mutuamente. Podemos no estar de acuerdo en política y no condenar a los demás a nivel personal. Cuando aprendemos el arte de escuchar e interesarnos sinceramente en otras personas y sus puntos de vista, entonces podemos usar la poderosa frase "Te respeto". Decirle a una persona que la respetas es un gran halago. Esas son palabras dulces.

También necesitamos mostrar respeto por las decisiones personales y sentimientos de los demás, incluso cuando sus decisiones personales pueden ser contrarias a lo que nosotros creemos que sea de nuestro mayor interés. Billy Donovan, entrenador principal de los Gators de Florida, firmó un contrato para ser el entrenador de los Magic de Orlando justo después de que Florida ganara el campeonato nacional de baloncesto de la NCAA en 2007. La firma se anunció en una rueda de prensa y fue cubierta por ESPN y otros medios deportivos nacionales. Él luego cambió de opinión y decidió que quería permanecer en Gainesville y seguir entrenando equipos universitarios en vez de ir a la NBA. Me llamó a explicarme sus razones, y después de escucharlo, le dije que aunque no estaba de acuerdo con él, respetaba sus deseos y lo liberé de su contrato. Unas semanas después me llamó sorpresivamente para agradecernos por la forma tan caballerosa en la que la gerencia manejó la situación. Eso es sólo una ilustración de cómo necesitamos mantener respeto siempre en todo.

Como con la confianza, el respeto está en el corazón de toda relación exitosa, desde el matrimonio y la familia hasta los negocios y los deportes. Hablo con mis jugadores de los Magic de Orlando y los animo a respetarse mutuamente. Un deporte de equipo debe construirse basado en respeto por el juego y por los compañeros de juego. Los grandes entrenadores saben cómo animar a sus jugadores y ganarse su respeto. En el baloncesto, aunque cada jugador quiere anotar los puntos y hacerse un nombre, también recibe crédito por las asistencias, en reconocimiento y respeto por los talentos y contribuciones de cada jugador. El trabajo de equipo no es posible sin respeto y confianza. Eso es cierto en los deportes y en los negocios. Mi sociedad con Jay sobrevivió porque teníamos respeto mutuo. Cuando Jay o yo estábamos de viaje, nunca nos preocupamos por lo que estaba sucediendo en la empresa porque cada uno de nosotros, en la ausencia del otro, podía tomar decisiones por los dos. Eso es respeto.

El fundamento del respeto comienza en casa. Aprendemos a tener respeto por nuestros padres, hermanas y hermanos. Una meta familiar es defender a toda la familia inmediata y extendida, y desear lo mejor para todos. Cuando sabes de primos o sobrinos a quienes les está yendo bien, los felicitas. Se apoyan mutuamente y muestran interés por el bienestar de cada miembro. Cuando haces eso, y lo haces bien, nace una verdadera familia.

Nosotros decidimos hacer que nuestro negocio se mantuviera familiar. Eso también requiere respeto. Nuestro hijo Doug ahora está a cargo y el resto de la familia lo respeta y tiene confianza en que él tomará buenas decisiones. Ahora es nuestra responsabilidad asegurar que nuestra tercera generación entienda el negocio de la familia y que nuestra familia es responsable de los millones de empleados y empresarios independientes a quienes deben respetar y apreciar. Jay y yo comenzamos con la convicción de que muchas personas en Estados Unidos querían tener su propia empresa. ¡Desde entonces hemos encontrado que muchas personas a nivel mundial quieren tener su propia empresa! Nuestra convicción se fundamentó en respeto por la gente. Si no nos hubiéramos convencido de que la gente era valiosa, confiable y respetable, no habríamos podido dar inicio a una empresa.

Me da satisfacción que tantos de nuestros empleados sientan que son respetados como si fueran parte de una familia. Nick Anderson era miembro de los Magic cuando nuestra familia compró el equipo. Hace un año me dijo que jugar para los Magic fue el único trabajo que había amado, y que quería volver con los Magic de cualquier manera que fuera posible. "Ser parte de los Magic era mi vida. Esa fue mi familia", me dijo. Nick tiene don de gentes y ahora es un embajador de buena voluntad para los Magic en muchas maneras que apoyan la organización. Me alegra saber que quería volver porque los Magic eran como una familia. Como negocio familiar, queremos que las personas sepan que son respetadas.

Una empresa, una relación, o cualquier organización sin respeto por sus miembros está destinada al fracaso. Una organización que pasa de ser una en la que sus miembros trabajan juntos con respeto a una egoísta y con disputas internas, está en decadencia. Con los años he notado un patrón típico en organizaciones que pasan de una atmósfera de respeto a una de egoísmo. Esas organizaciones usualmente pasan por cuatro etapas: (1) la etapa de creación; (2) la etapa de gestión; (3) la etapa de defensa; (4) la etapa de acusaciones. En la primera etapa alguien tiene una visión o un sueño que construir. Otros respetan el sueño de esa persona y con entusiasmo se unen a la emoción de construir algo nuevo. En la segunda etapa la gente comienza a quitar tiempo y energía de construir y crear para concentrarse en organizar y dirigir lo que se ha creado. La etapa tres es un tiempo de lucha para mantenerse al frente de los competidores y concentrarse en preservar lo que se ha creado. La cuarta etapa es cuando una organización se vuelve contra sí misma y sus miembros comienzan a tener disputas entre ellos, a competir para progresar y a culparse mutuamente por cualquier contratiempo. La emoción de construir y crear se ha olvidado. Es hora de dividir el botín. Probablemente has notado ese patrón en tu sitio de trabajo, en la escuela, la iglesia o en el gobierno. Creo que necesitamos más líderes positivos que puedan mostrar y ganar respeto a fin de redirigir muchas de nuestras instituciones hacia la emoción y la productividad de la etapa de creación.

No todas las organizaciones o personas respetarán a los demás. Tendremos momentos en los que nos sentimos respetados y en los que somos irrespetados. Aprendí esto temprano en mi vida y descubrí que junto con ganar y mostrar respeto, necesitamos aprender a seguir siendo positivos ante el irrespeto. Todavía recuerdo una de las primeras veces que sentí lo que significaba ser irrespetado por una multitud. Con mi discurso titulado *Vendiendo América* comencé a sentir que mis puntos de vista sobre algo que firmemente creía, se habían ganado el respeto de mis oyentes, no sólo por haber creado una empresa sino por mi posición pública respecto a lo que sentía por este maravilloso país. Ese fue mi primer foro público y recuerdo que me preguntaba si mi charla era lo suficientemente valiosa para ganar el respeto de nuestro periódico local y ser reconocida en el mismo. Me alegra decir que lo fue, ¡y eso fue importante para mí! Podemos lograr que nuestros nombres aparezcan en el periódico por lo menos dos veces, cuando nacemos y cuando morimos. Pero creo que a todos nos gustaría ver nuestros nombres en el periódico algunas veces más como muestra de respeto por algo que hemos dicho o logrado.

A medida que me involucré más con nuestra comunidad y a medida que mi reputación crecía como creador de empresa, mi nombre con frecuencia aparecía en el periódico de mi ciudad natal. También llegué a conocer al editor del periódico, a quien le dije un día, "¿Sabes?, ese reportaje sobre Amway que publicaste en la página principal no era un reportaje de titular". "No", dijo, "la historia no lo era, pero tú lo eres. Los reportajes relacionados contigo son noticias de primera página por tu participación en la comunidad. Para bien o para mal, esa es la esencia del respeto.

Ahora me parece interesante y un poco divertido que uno de mis primeros encuentros con periódicos fue uno de irrespeto. En los primeros días de Nutrilite tratamos de hacer publicidad para distribuidores en la sección de clasificados de periódicos. La publicidad simplemente decía: "Gane $1.000 al mes trabajando a tiempo parcial. Entrenamiento completo disponible". Muchos periódicos no publicaban nuestro anuncio porque no podíamos garantizar lo que decíamos. Yo respondía que no podía garantizar ese ingreso pero por lo menos la oportunidad estaba ahí para cualquiera que quisiera trabajar. Muchas personas fueron irrespetuosas con Jay y conmigo y nuestra empresa Amway. Nos ridiculizaron y dijeron que nuestra empresa nunca funcionaría. Aprendimos a sencillamente ignorar a personas así. Si crees en lo que haces, tienes que enfrentar a la multitud irrespetuosa. Como Jay solía decir: "Los perros pueden ladrar, pero la caravana sigue adelante".

Algunas personas muestran irrespeto porque tienen un punto de vista negativo sobre la gente. Un banquero que conocí en una ocasión, me dijo que nuestro negocio de Amway nunca funcionaría porque no se puede confiar en las personas. En nuestra empresa, los distribuidores eran responsables de entregar bonos mensuales a otros en su grupo. El banquero me preguntó: "¿Qué te hace pensar que todos pagaran ese bono?" Yo le dije: "Porque la gente en esencia es honesta". ¡Nunca se me ocurrió que la gente pudiera no pagar los bonos! Nuestra empresa aseguraba el pago de todos los bonos y muy rara vez teníamos un caso en el que un distribuidor dejara de pagar uno. Eso muestra el poder del respeto y la confianza, poderes positivos que pueden superar las dudas de personas irrespetuosas y negativas.

He aprendido que una manera poderosa de superar el irrespeto es simplemente mostrando respeto. Hace muchos años cuando llegué a Australia, como parte de las pruebas de aspirantes para la Copa América, los australianos trataron a los americanos con hostilidad. El Club de Yates de New York había sido vilipendiado con los años por su furiosa defensa de la copa, así que los australianos veían a los americanos como "esos Yanquis" que harían lo que fuera por ganar. El Club de Yates de New York había ganado la Copa América por 132 años pero la perdió ese año (1983) ante los australianos, que estaban muy orgullosos por ser el primer país en ganarle la copa a los Estados Unidos. Muchos australianos usaron la oportunidad para burlarse de los americanos, e incluso algunos de los agentes de aduanas se burlaron de ellos en su partida porque habían perdido la copa. Pero cuando mi grupo y yo fuimos a Australia, yo insistí en ser amigable y cortés, estrechando manos y hablando con los australianos. Después, perdimos nuestra posición y fuimos eliminados de las pruebas, pero creo que hicimos nuestra parte para darles una mejor impresión a los australianos sobre nuestro equipo y nuestro país, y ellos vieron que estos "yanquis" no eran tan malos después de todo.

Otra cosa que se opone al respeto y que debemos fortalecer y aprender a superar es el rechazo. Tarde o temprano en la vida, todos necesitamos tratar con el rechazo. Sentí el máximo rechazo cuando necesité un corazón para salvar mi vida y fui rechazado por cada centro de cardiología de los Estados Unidos. Todos dijeron que a la edad de setenta años era demasiado anciano para beneficiarme de un trasplante. Finalmente un cirujano del Reino Unido me aceptó. Así es en la vida. Podemos ser rechazados por muchos y luego el Señor abre la puerta a esa persona que cambia la marea. En nuestro negocio de Nutrilite, sabíamos que en promedio si llamábamos a cuatro personas, uno de ellos compraría. En las ventas, como en la vida, a menudo debes superar mucho rechazo antes de ser exitoso en ganar respeto. Pero si crees en ti mismo y en otros, puedes superar el rechazo y ganar el respeto al mostrar respeto.

Debido a mi extensa experiencia en ventas, o probablemente sólo por mi naturaleza, no me preocupa mucho el rechazo o las personas que no son respetuosas. Siempre me he concentrado en esa persona entre cuatro que dice "sí"; amigos de la secundaria que me recuerdan me dice: "Vaya, tú siempre fuiste positivo, siempre mandabas la parada, siempre eras el que mandaba en la diversión". No recuerdo si lo era o no, pero es obvio que algunas personas me recuerdan como alguien animado. Creo que sin duda eso fue porque mis padres crearon un hogar fundamentado en amor y respeto. Cuando te sientes respetado en casa, tienes gozo. Si no te sientes respetado, es muy difícil que muestres respeto hacia otros. No puedes ser positivo y tener confianza si no te sientes respetado. Le recomendaría a cualquiera que procure ganar respeto por medio del buen carácter, porque eso es vital para un futuro exitoso, y todos tenemos ese poder a nuestro alcance. Haz preguntas, escucha, y muestra un sincero interés cuando conoces a alguien por primera vez. También muestra respeto en tus modales y comenzarás a sentirte bien contigo mismo así como con los demás.

Al considerar mis años en posiciones de liderazgo, me convenzo de que el respeto hacia los demás es la cualidad más esencial de los líderes. Un conocimiento básico de los negocios y cómo dirigir una organización es de valor limitado si no puedes respetar a los que trabajan contigo y a quienes sirves. Si no pueden respetarte, entonces no eres un líder. He conocido personas en posiciones de liderazgo que tratan de demandar respeto ejerciendo presión o tratando de motivar por temor en lugar de hacerlo dando ánimo. ¡El respeto no se obtiene cuando es exigido! Todos ustedes tienen líderes en su trabajo y en la vida. Si piensas en las personas que respetas, estoy dispuesto a apostar que son aquellas personas que se han ganado tu respeto al mostrar interés en ti. El gran jefe que más respetas y admiras seguramente es esa persona que recuerda tu nombre, comenta sobre el buen trabajo que estás haciendo o deja de hablar para preguntar por tu familia. Ganar respeto es sencillo. No requiere habilidades sofisticadas o un título en gerencia, pero es esencial para el liderazgo exitoso. Como líderes en sus casas, los padres deben ganar y mostrar respeto con sus hijos al escucharlos y tratarlos de forma justa. Los maestros como líderes en sus salones de clase pueden mostrar respeto al ser conscientes de las circunstancias y necesidades individuales de cada uno de sus estudiantes Los médicos ganan y muestran respeto al conocer más acerca de sus pacientes de lo que está escrito en sus historias clínicas. Líderes en muchos campos tiene oportunidades de ganar respeto al mostrar respeto.

Todos queremos y necesitamos ser respetados. Si quieres respeto, te recomiendo que muestres respeto al interesarte en otras personas. Haz algunas preguntas. Escucha a aquellos que desean compartir contigo los momentos de orgullo en sus vidas. Rápidamente descubrirás algo acerca de ellos por lo cual puedes decir "Te respeto". Al hacerlo, también ganarás su respeto y como persona respetada, ganarás autorrespeto.

10

"Te amo"

Decir "Te amo" y hacerlo de corazón tiene un poder extraordinario. Cuando pienso en la forma como mi esposa ha ensanchado y complementado mi vida, es fácil creer que Dios nos unió. Nuestro amor siguió creciendo con los años, con el tiempo extendiéndose para incluir cuatro hijos, sus cónyuges y dieciséis nietos.

Gracias a Dios Helen y yo nos expresamos esos sentimientos el uno al otro hace muchos años. Después de más de cincuenta años de matrimonio, podemos recordar vívidamente cuando nos conocimos. Yo iba en un auto con un amigo por una calle de Grand Rapids. Vimos caminando a dos atractivas chicas (una de las cuales era Helen) a quienes mi amigo conocía y ofreció llevarlas a casa. Llevamos primero a Helen a su casa. Cuando ella salió del auto le pregunté a su amiga cómo se llamaba. Ella escribió el nombre y el número telefónico de Helen en mi libro de Psicología de la escuela. Todavía tengo ese libro con su nombre y número telefónico escrito en la portada interior.

Llamé a Helen para nuestra primera cita y en una hermosa tarde de domingo la llevé a volar. Poco tiempo después, Helen y dos pequeñas hijas de una amiga estaban disfrutando de un paseo por unos muelles cerca de donde Helen había ido de visita por unos días con las niñas y la mamá de ellas. Pasaron justo por donde *Salud*, un bote que Jay y yo teníamos, estaba atado, y yo estaba en él. Le ofrecí a las tres un paseo, sólo iba a cargar combustible para el bote, en el siguiente muelle, pero las niñas estaban emocionadas y Helen accedió. Así que después de ofrecerle paseos en carro, avión y bote, seguí llamándola para salir. No mucho tiempo después, nos comprometimos, y un año después, el 7 de febrero de 1953, nos casamos.

Helen después me contó que cuando me conoció, pensó que yo era muy presumido. De hecho, mi propia madre le advirtió: "Debes pararte firme frente a Rich, porque los DeVos te intimidarán". Pero Helen dijo que descubrió que lo que una vez juzgó como ser presumido en realidad era seguridad propia, y lo que ella al principio llamó "un pico de oro", en realidad era el don de conectarse, de comunicarse. Así que cuando nos amamos el uno al otro, aprendimos a apreciar los talentos el uno del otro.

Helen siempre ha sido positiva, de apoyo y de ánimo. Ella ha orientado nuestro matrimonio y nuestra familia e incluso nuestra empresa con su fundamento de fe espiritual. Ella nos ha mantenido concentrados en nuestros valores y lo que realmente es importante en la vida. También ha sido muy generosa en dar a los demás porque ella siente que es obligación de todos el compartir y compartir es ser obediente a Dios. Así que muchos de nuestros proyectos de filantropía han surgido de la fe de Helen. Helen también es una gran amiga. Ella vive bajo el lema "Para tener un amigo, debes ser amigo". Por ella nuestra casa, salidas en botes, y viajes siempre han estado llenos de amigos que disfrutamos y que disfrutan el uno del otro.

"Te amo" es la poderosa frase que abarca a todas las demás. Lo que sentimos por la gente, ya sea amor romántico, en relaciones familiares, o incluso amistad cercana, es una forma de amor. Tenemos que amarnos unos a otros, esa es la amonestación bíblica expresada por Jesús. El amor es una forma más cálida de expresarnos en lugar de decir, "Te respeto", o "Creo en ti". Es una manera más tierna de expresar nuestros sentimientos por las personas que admiramos y apreciamos. El amor es un término de gran confianza y creencia, el término más fuerte que puedes expresarle a otra persona si sientes eso por ella. Decir "Te amo" es un gran paso para la mayoría de la gente.

Pero hay otras clases de amor que el amor entre esposo y esposa. Debemos encontrar maneras de expresar nuestro amor a otros con quienes tenemos relaciones cercanas o quienes juegan un papel importante en nuestra vida.

Fui animado hace muchos años por un amigo cercano a expresar más libremente mi amor hacia los demás. Billy Zeoli, el fundador de Gospel Films, y amigo por muchos años, es muy amplio al expresar lo que siente por los que lo rodean. Probablemente es parte de su herencia italiana, pero Billy nunca ha sido tímido para acercarse a la gente y darles un gran abrazo. Billy me animó a saludar con un abrazo. Parecía que gradualmente en toda nuestra ciudad todos se estaban abrazando, algunos aceptando la costumbre y otros estaban menos dispuestos a salir de su zona de comodidad. Pero abrazar es una forma sencilla de decir "Te amo" sin tener que reunir el valor para decir las palabras.

El siguiente paso para mí fue usar las palabras, así que comencé a decir "Te amo". Eso es algo que escuchas entre familiares o amigos cercanos. Escucho a mis hijos hablar por teléfono y siempre escucho "Te amo". Son sólo dos palabras, pero le recuerda a las personas con quienes hablamos que son amadas.

Luego comencé a firmar en mis notas y cartas "Te amo" para expresar un sentimiento más fuerte que "atentamente". En realidad no sé qué significa atentamente, pero "Te amo" comunica un mensaje claro. Ahora se ha convertido en mi marca. Es una relación personal, un lazo personal. Comunica que tenemos una relación especial, una en la que podemos hacer un trato sin tener que ponerlo por escrito; cuando digo, allí estaré, allí estaré; puedes confiar que llegaré como lo prometí. Dice todas esas cosas.

Tenemos que aprender a pensar en lo que sentimos por otras personas, estar dispuestos a expresar esos sentimientos y comenzar a decir "Te amo". El amor existe, no sólo dentro de una relación de esposo, o una relación romántica de novios. Hay diferentes tipos de amor que debemos expresar.

Después de la muerte de Jay, encontré una gran caja de cartas que me había escrito mientras los dos estábamos en el exterior durante la Segunda Guerra Mundial. Después de leer nuevamente muchas de ellas, le di todas sus cartas a su hijo David, pensando que a él le gustaría tenerlas y le dije que podrían darle una mejor perspectiva de nuestra relación y cómo sobrevivió por tanto tiempo. David después me dijo que las cartas lo conmovieron mucho. Dijo que le dieron todo un nuevo entendimiento de la relación entre su padre y yo y del cariño que su padre sentía hacia mí.

En una de nuestras muchas conversaciones recuerdo que Jay hablaba de diferentes tipos de amor: el amor romántico, el amor entre padres e hijos, el amor entre hermanos, y el amor que se puede desarrollar con los lazos de una amistad íntima. Jay en sus cartas me expresaba una forma de amor, una admiración de las cualidades que vio en mí y que lo habían hecho querer ser mi amigo. En sus cartas a su "querido y mejor amigo", Jay expresaba amor por un amigo cercano de quien en ese entonces estaba separado por miles de millas en el tiempo de la guerra. Cuando Jay y yo nos escribíamos cartas, apenas habíamos terminado la secundaria y estábamos lejos de casa. Los dos necesitábamos saber que teníamos un amigo íntimo en alguna parte del mundo y que algún día estaríamos de nuevo en casa, planeando empezar una empresa juntos y probablemente soñando con tener mucho éxito. Esas cartas afirmaron mi confianza en él. Así que cuando iniciamos negocios juntos, eso fue sólo una extensión lógica de una amistad muy fuerte.

Muchos años después, en una nota de cumpleaños para Jay le escribí: "Durante los últimos veinte años hemos tenido nuestras diferencias, pero siempre ha surgido algo mayor. No sé si hay una manera sencilla de decirlo, pero podría llamarse respeto mutuo. Una mejor palabra podría ser 'amor'". Una razón por la cual nuestra amistad nos permitió ser socios fue que nos complementamos el uno al otro. Aunque sé que a Jay le gustaba quedarse en casa y leer un libro, no quería que lo dejara fuera de nada si le decía que iba a salir. No necesitaba mucha presión para hacerlo venir conmigo. Así que pienso que fui una influencia para hacer que Jay fuera más aventurero. Creo que él disfrutaba estar conmigo porque yo le ponía algo de acción a su vida.

De la misma manera yo admiraba grandemente a Jay, él era un intelectual. Tenía mucha sabiduría. Conocía muchas cosas que yo no. Fue un excelente estudiante. Leía mucho más que yo. Así que nos alimentábamos el uno al otro. Nuestra admiración mutua se convirtió en un amor de esos que se desarrolla dentro de un lazo de amistad íntima.

"Te amo" también es una frase especialmente poderosa cuando se la decimos a los niños. Esas palabras los hacen sentir protegidos, cuidados, seguros; que la persona que dice esas palabras realmente es especial. ¿Entonces por qué no decirla? Si el amor es algo que sientes, entonces decir "Te amo" es una muestra de ese sentimiento. Desafortunadamente algunas personas nunca le dicen "Te amo" a sus hijos ni a otra persona. Y con frecuencia se debe a que no pueden lograr decir lo que sienten, o probablemente no se toman el tiempo para hacer el esfuerzo. Con cualquiera de estas poderosas frases, debemos evitar la tendencia a no decirlas. Muy seguramente hay muchas oportunidades en las que pensamos: "Ah, sí, él es un gran chico ¿cierto?" Pero no pensamos en decirlo. Vamos a casa después de un concierto y decimos: "Fue un gran concierto". Pero nunca pensamos en escribir una nota para expresar lo que disfrutamos. Necesitamos poner por escrito nuestros sentimientos o pasarlos de forma personal. Necesitamos hacer que expresar nuestros sentimientos sea un hábito personal.

El lugar más importante para expresar amor es con nuestras familias. Deuteronomio 11:1, 19 (NVI) dice: "Amen al Señor su Dios y cumplan siempre sus ordenanzas, preceptos, normas y mandamientos... Enséñenselas a sus hijos y repítanselas cuando estén en su casa y cuando anden por el camino, cuando se acuesten y cuando se levanten". Necesitamos enseñar a nuestros hijos el amor de Dios y expresar nuestro amor por nuestra esposa o esposo y nuestros hijos. Cuando asisto a una ceremonia de graduación o veo hijos salir de casa a comenzar sus propias vidas, oro porque sus padres los hayan enseñando bien y les hayan inculcado los valores que los guiarán con éxito por la vida. Espero que ellos puedan construir sus vidas sobre un fundamento firme de una familia amorosa.

Tengo recuerdos muy queridos de mi niñez y crianza en una familia unida. Enfrentamos algunos tiempos difíciles y adversidades financieras, pero juntos enfrentamos esos retos. Con frecuencia nos hizo falta dinero, pero nunca nos faltó amor. Al recordar, el compartir una casa como una familia extendida con mis abuelos durante La Depresión, de hecho fue una bendición que nos unió más y me expuso a la sabiduría y modelos de dos generaciones.

La familia es el fundamento de nuestra fe y valores. Mis padres y abuelos inculcaron en mí una fe en Jesucristo que ha permanecido en el centro de mi vida. Mi familia formó en mí un amor por mi país y la libertad. Mi hogar fue la incubadora del "Sueño americano". Fui afortunado por tener padres que me criaron para creer en mí lo suficiente como para aprovechar las ilimitadas oportunidades que ofrece nuestro país. Enséñales a tus nietos las lecciones fundamentales de la vida. Habla con ellos sobre lo bueno y lo malo y los valores que tienes en la vida. Sé un modelo. Dales el don de tu experiencia de vida. Crear una relación familiar firme requiere esfuerzo pero da recompensas al asegurar que a cada generación se le inculca la fe y los valores que son el centro de vidas abundantes y una sociedad moral.

Fui un niño feliz a pesar de las pocas posesiones materiales. Todavía sigo siendo una persona feliz. Pero mi fortuna no me ha hecho más feliz que cuando era niño en medio de La Depresión. El amor de mi familia me mantiene alegre. Atesoro la compañía de mi esposa después de más de cincuenta años de matrimonio. Estoy orgulloso de nuestros cuatro hijos y sus cónyuges y de la forma como ellos han creados sus propias familias amorosas. Y Helen y yo estamos disfrutando de ver crecer a nuestros nietos y esperamos verlos madurar y forjar sus propios caminos en el mundo. Oramos por ellos cada día, por nombre.

Aunque todos conocemos el amor íntimo del matrimonio y la familia, espero que también todos podamos apreciar una forma de amor que creo que existe más allá de la familia e incluso de la amistad íntima. El amor viene en todas las presentaciones. Puedes amar a alguien de manera muy personal. Puedes amar a tus hijos de forma ligeramente diferente. Puedes amar a tu médico por lo que hace por ti. Yo amo a mi cardiólogo Rick McNamara. Puedo decírselo con facilidad. Él es excelente y se preocupa por mí, por eso lo amo. Podemos amar a nuestros amigos. Como te dije, la frase de nuestra familia siempre es "Te amo". Pero ahora tengo amigos que, por mi ejemplo, me lo dicen. Un amigo que es un hombre de negocios de un pequeño pueblo en Tennessee siempre termina nuestras conversaciones telefónicas con "Te amo". Así que podemos tener relaciones con amigos fundamentadas en una diferente clase de amor, una que involucra respeto y admiración. Debemos considerar el amor de muchas maneras y en diferentes términos entre personas diferentes.

Incluso podemos amar una época, o un lugar que fueron especiales en nuestra vida. Muchos de nosotros tenemos una fuerte lealtad hacia nuestras escuelas secundarias o universidades incluso décadas después de graduarnos. En serio puedo decir que todavía amo mi escuela secundaria y estoy agradecido por los maestros y la amorosa atmósfera que tuvieron un impacto en mi vida. Helen y yo aportamos la donación principal para construir el Centro para

Artes y Alabanza en mi antigua escuela, Escuela Cristiana Secundaria de Grand Rapids. Los estudiantes de la Escuela Cristiana Secundaria no tenían un sitio donde poder congregarse para servicios congregacionales, obras de teatro y otras presentaciones. La escuela tiene extraordinarios programas de teatro y musicales, pero las zonas de presentaciones estaban mal equipadas, eran estrechas y desactualizadas. Como resultado de nuestro aporte y la admirable generosidad de nuestra comunidad, ahora estos estudiantes disfrutan de un hermoso auditorio, así como camerinos y salones de ensayos. Ahora ellos están verdaderamente inspirados para dar lo mejor de sus habilidades. El nivel de estas nuevas instalaciones reconoce el nivel de sus talentos. Sus familias y la comunidad disfrutan una experiencia mejorada por el auditorio.

Para mí, fue especial saber que podía dar un regalo como ese a la escuela secundaria que una vez había hecho tanto por mí. En el recibidor pusieron una réplica del modelo A de Jay, el auto en el que me llevaba a la escuela y en el que soñamos sobre el día de iniciar una empresa juntos. En realidad nunca podré devolver a esa escuela la influencia de su gente, pero fui ricamente bendecido y animado al ver que la tradición de mi escuela sigue y que futuras empresas y líderes para la comunidad tendrán su comienzo en mi escuela.

También creo en comunidades amorosas y sé que he sido bendecido por vivir en una. A comienzos del año 2007 me pidieron que escribiera una introducción para un libro de lecturas cortas titulado *Visiones del Oeste de Michigan*. Este tipo de libros son publicados sobre comunidades de todos los Estados Unidos y están llenos de fotos de paisajes que muestran el esplendor natural, la recreación, el comercio y el arte. En mi introducción, incluí muchas de las razones por las cuales amo el Oeste de Michigan, incluyendo sus aguas para navegar, pueblos pequeños y amigables, y empresarios que facilitan nuestra calidad de vida y sustento. Podrías decir que este tipo de libros exhiben el orgullo de la comunidad, pero creo que transmite un sentimiento más cercano al amor.

Cuando el centro de Grand Rapids luchaba con sobrevivir en la década de los años 1970 porque la gente y las empresas se estaban mudando a los suburbios, hubo una discusión respecto a construir un hotel afuera de Grand Rapids. Pero Jay y yo decidimos que Amway remodelaría un hotel en el centro de Grand Rapids porque esa era nuestra ciudad, la amábamos y estaba cerca a nuestros corazones. Esa decisión fue el comienzo de un renacimiento del centro de Grand Rapids que continúa hoy en día. La gente hasta el día de hoy se me acerca y me agradece por invertir en nuestra comunidad cuando habríamos podido ir a otra parte. Mientras tenemos muchos intereses en otras partes, nuestra prioridad para dar está en Grand Rapids. Desde el punto de vista de inversión corporativa, siempre hemos construido y nos hemos expandido en nuestra ciudad. En una ocasión consideramos construir un gran centro de distribución fuera de Michigan. Realizamos un estudio a nivel nacional que mostró impuestos y otras ventajas de estar ubicado en un estado del sur. Aun así decidimos permanecer donde estábamos sólo porque era nuestro hogar.

Cuando pienso en esa decisión y en otros proyectos en Grand Rapids, tengo un maravilloso y cálido sentimiento respecto a tener la oportunidad de ayudar a hacer que nuestra ciudad sea un mejor lugar. Hay un gran mundo allá afuera, con muchas cosas en marcha, positivas y negativas.

Pero nuestro trabajo es hacer que nuestra propia ciudad sea un mejor lugar. En casa es donde podemos ayudar a inculcar actitudes positivas, crear trabajos, ayudar a nuestros vecinos, y animar a nuestros amigos a cooperar en alianzas que creen una mejor comunidad. La economía trae mucho del progreso a nuestras comunidades, pero creo que otro factor motivador es el amor que sentimos por nuestras ciudades de origen. El amor de comunidad es la razón por la cual más personas deciden quedarse donde crecieron en lugar de mudarse lejos. El amor por la comunidad es una de las razones por las que queremos estar seguros de que nuestros hijos tengan las mejores escuelas y que nuestros ciudadanos tengan un mejor sistema de salud. Amamos nuestra comunidad por las amistades que hemos hecho, la iglesia en la que nos casamos, el restaurante en donde celebramos fechas importantes de la familia, o el sentimiento que tenemos cuando caminamos por nuestra calle. Hemos recibido la orden de amar a nuestro prójimo como a nosotros mismos. Esa es la clase de vecindario en el que a todos nos gustaría vivir.

Amo las empresas que he creado y que poseo. Amo el negocio de Amway que Jay y yo creamos partiendo de una pequeña oficina y una bodega en nuestros sótanos, la cual hoy proporciona ingresos y esperanza a personas de todo el mundo. Amway sigue siendo un negocio familiar. Los Magic de Orlando es un negocio familiar. Familiares todavía supervisan las operaciones diarias porque amamos nuestra empresa y nuestro trabajo. Siempre he amado mi trabajo, así que siento como si nunca hubiera trabajado un día de mi vida. Nunca me ha molestado ir a trabajar porque nunca lo vi como un trabajo. El trabajo para mí siempre fue una buena experiencia, incluso en los días difíciles.

También creo que debemos mostrar más amor por nuestro país. Helen y yo dimos una donación importante para el salón de exhibiciones del Centro de la Constitución Nacional, el cual fue inaugurado el 4 de julio de 2003 en Philadelphia como el primer museo dedicado a honrar y explicar la constitución de los Estados Unidos. Queríamos que los jóvenes de hoy y generaciones futuras apreciaran el marco de nuestra sociedad libre así como los enmarcadores que arriesgaron sus vidas para firmar su obra. Serví en el Cuerpo Aéreo del Ejército de los EE.UU. durante la Segunda Guerra Mundial, cuando miles de jóvenes americanos sacrificaron sus vidas por las libertades que disfrutamos. Llegamos a casa convencidos de que los americanos pueden alcanzar cualquier meta que se tracen. Me expresé en favor de la democracia americana y nuestro sistema de libre empresa cuando a la mitad de la población del mundo se le negaba la libertad en países comunistas y socialistas. Nombramos nuestra empresa según la manera americana (American Way, en inglés) porque estábamos convencidos que nuestro sistema económico era el mejor del mundo y que la gente quería la libertad de dirigir sus propias empresas. No niego que nuestro país tenga problemas, ni digo que tenga una historia sin mancha, pero no me disculpo por mi desvergonzado amor por mi país. Crecí en Estados Unidos en donde los inmigrantes estaban orgullosos de su recién obtenida ciudadanía, donde los ciudadanos no se avergonzaban por saludar la bandera o cantar nuestro himno nacional, y respetábamos la oficina del presidente de los Estados Unidos así no estuviéramos de acuerdo con el hombre y todas su políticas o no fuéramos miembros de su partido político. Si en serio queremos una sociedad positiva de personas positivas, necesitamos hallar amor en nuestros corazones hacia nuestros hermanos americanos y hacia nuestra tierra y sus principios democráticos y filosofía de "poder hacer", que nos han dado las bendiciones de la libertad y las ventajas económicas que disfrutamos.

Así que el amor está a nuestro alrededor. Debemos buscar y nutrir el amor, por nuestro Dios que nos bendice ricamente, por nuestros matrimonios, por nuestras familias, por nuestros amigos y por nuestras comunidades. No sólo pensemos en decir "Te amo" para después arrepentirnos porque no lo dijimos. Aprovechemos cada oportunidad para decirle a nuestros seres queridos, de corazón, "Te amo". O probablemente sólo decirle "Te amo" a alguien que admiras o aprecias. Si no puedes decir las palabras, por lo menos dale un abrazo a alguien. ¡Y haz que sea un gran abrazo!

Jesús dijo que el gran mandamiento es amar al Señor nuestro Dios con todo nuestro corazón y el segundo es amar a nuestro prójimo como a nosotros mismos. Usemos nuestro corazón. Di "Te amo". Con esta y todas las otras frases poderosas, todos podemos hacer de nuestros hogares, comunidades y mundo, lugares más positivos para vivir.